깡통을 차고 빌어먹어도
지옥만은 가지 마라

깡통을 차고 빌어먹어도 지옥만은 가지 마라

김상호 지음

예수님을 자신의 생명보다 더 사랑한 현대판 욥,
김상호 장로의 삶과 고백!

참믿음을 찾아보기 어려운 이 마지막 때에
신앙인의 표상을 넘어 천국으로 가는 길을 안내한다

일의 결국을 다 들었으니 하나님을 경외하고
그의 명령들을 지킬지어다 이것이 모든 사람의 본분이니라
하나님은 모든 행위와 모든 은밀한 일을
선악 간에 심판하시리라

전 12:13-14

그 시절을 떠올리면,
지금도 눈물이 앞을 가린다.

지난 2009년 11월 7일, 구병마을 구병장로교회에서 새 성전 입당 예배가 있었다. 도시 어느 교회 부럽지 않을 정도로 아름답게 건축된 교회였다. 얼마나 감격스러운 일인가! 교회가 없는 이 마을에서 이날을 보기까지, 나는 약 7년 동안 고생했다.

공동묘지에 나가 피땀 흘려 기도했던 그 시절을 떠올리면, 지금도 눈물이 앞을 가린다. 하나님께서 장수의 축복을 주신 덕에 이 아름다운 성전을 짓고 입당 예배까지 드릴 수 있게 되었다. 더욱이 이 교회에서 남은 생을 보내고 눈을 감으리라 생각하니 하나님의 은혜가 한없이 감사할 뿐이다.

내가 스스로 하나님을 찾은 것이 아니었다. 하나님이 나를 불러주신 것이다. 무속 집안에서 태어난 나는 산신을 섬기던 아버지 밑에서 성장했다. 예수를 믿을 수 있는 환경이 아니었다. 그런데 하나님은 이렇게 나를 사랑하셔서 우상 숭배 가정에서 태어나 지옥에 갈 뻔했던 나를 구해 주신 것이다. 예수님의 부르심, 그 은혜는 백번 죽었다 깨어나도 갚을 길이 없다.

나는 지금 내 인생의 발자취를 정리할 시점에서 그간의 나의 삶을 책으로 쓰고자 한다. 하나님의 부름을 받기 전 내가 살아온 과정을 책으로 발간해 예수님을 전도할 수 있는 기회를 또 한 번 주시니 감사하고 또 감사할 뿐이다.

대한민국은 원래 무속의 뿌리를 타고난 나라이기에 이 책을 읽는 많은 이들이 내 이야기에 공감하여 하나님 앞에 돌아오리라 생각한다. 이 책을 읽는 모두에게 하나님의 축복이 임하기를 기도하며 훗날 주님의 나라에서 다시 보게 되기를 소원한다.

2010년 2월 2일
김상호 장로

차례

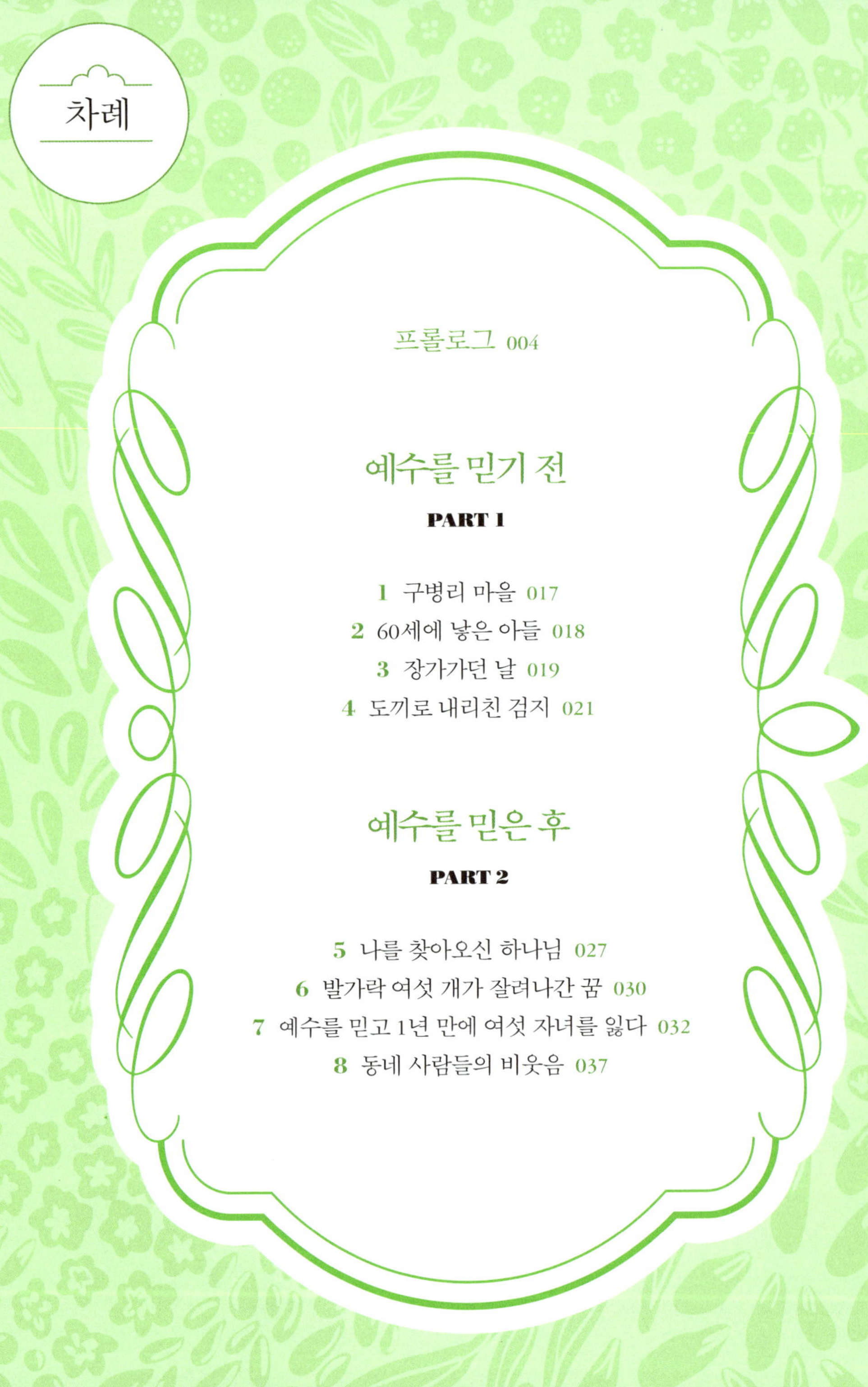

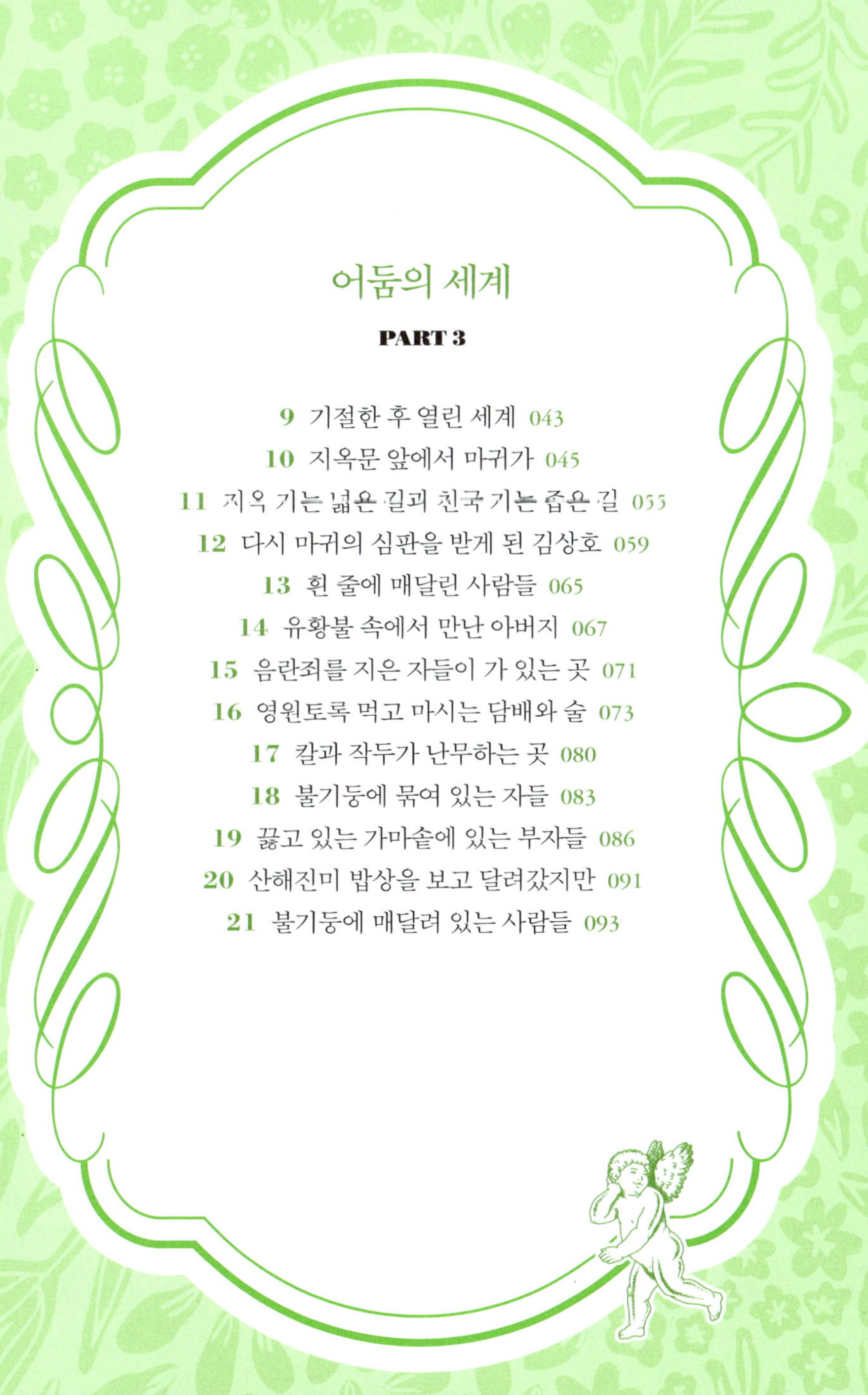

어둠의 세계

PART 3

빛의 세계

PART 4

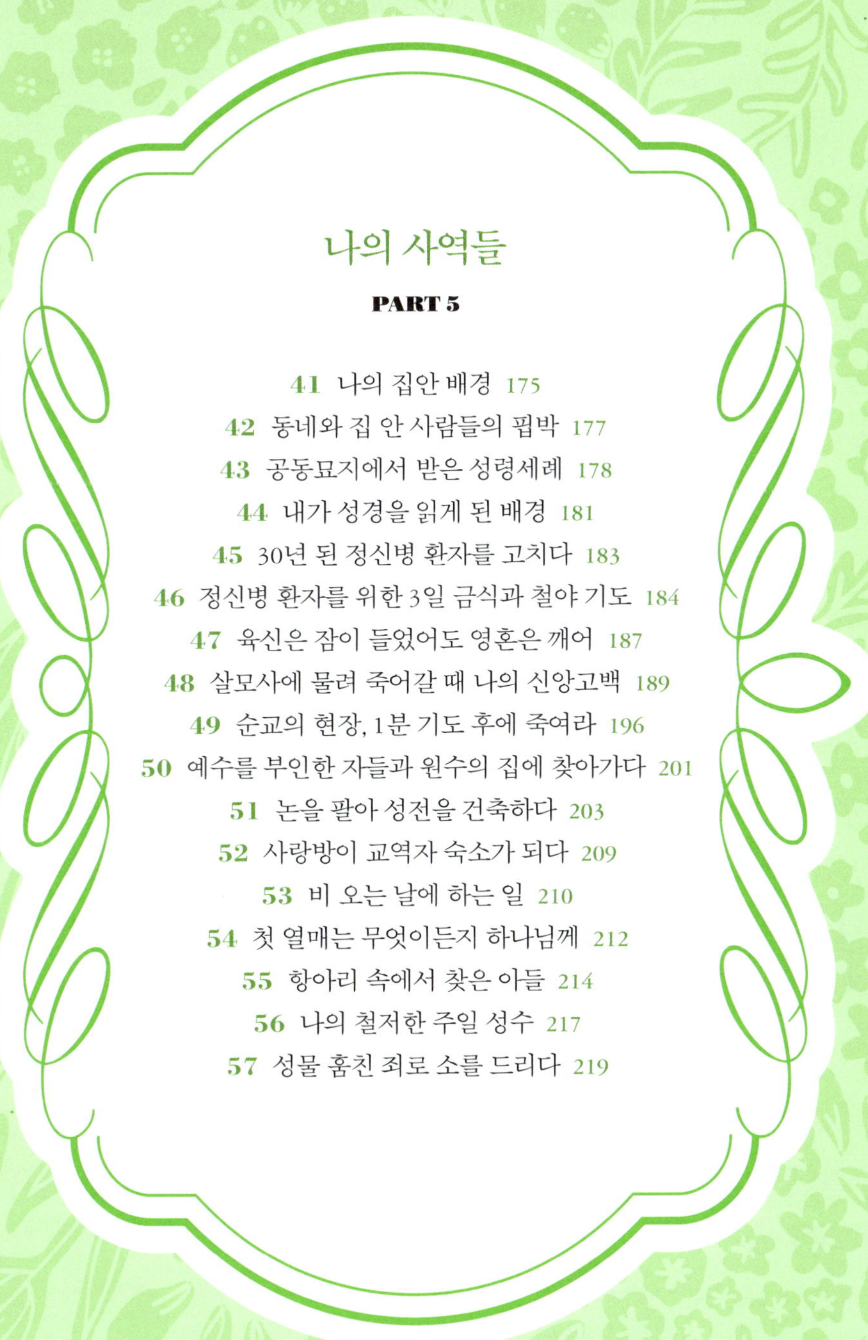

나의 사역들

PART 5

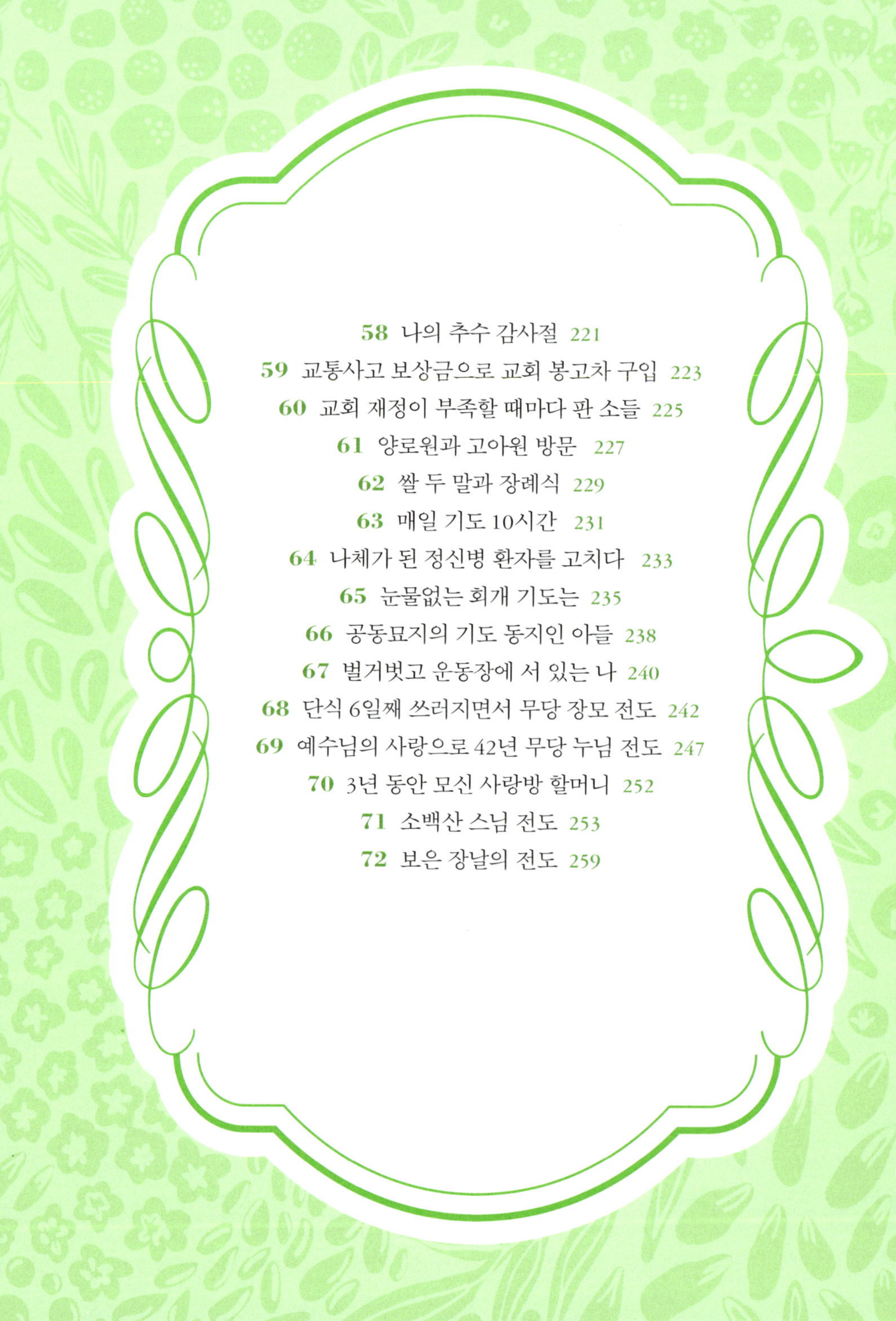

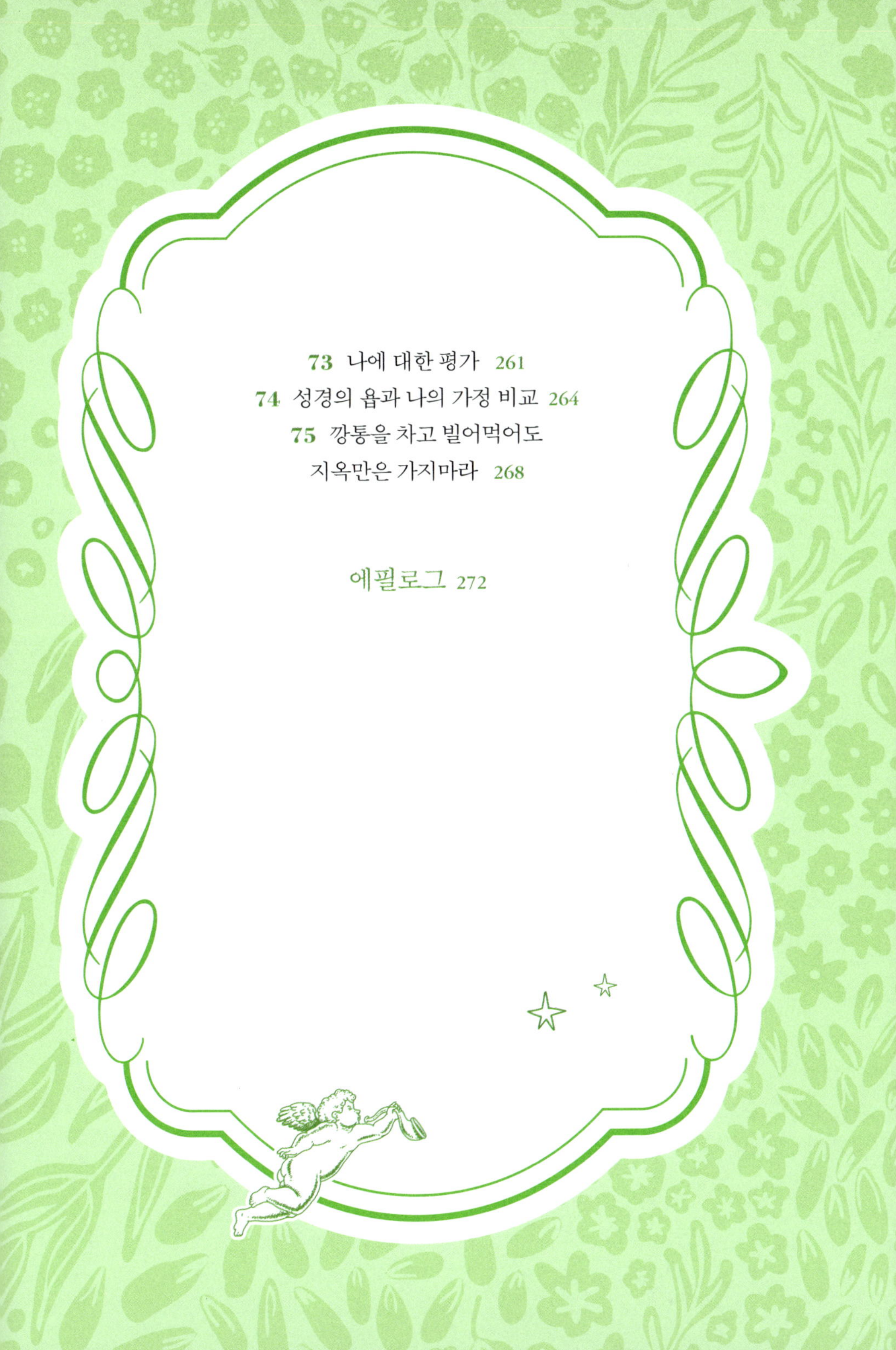

PART 1

내 이름으로 불려지는 모든 자
곧 내가 내 영광을 위하여
창조한 자를 오게 하라
그를 내가 지었고
그를 내가 만들었느니라

—사 43:7

예수를 믿기 전

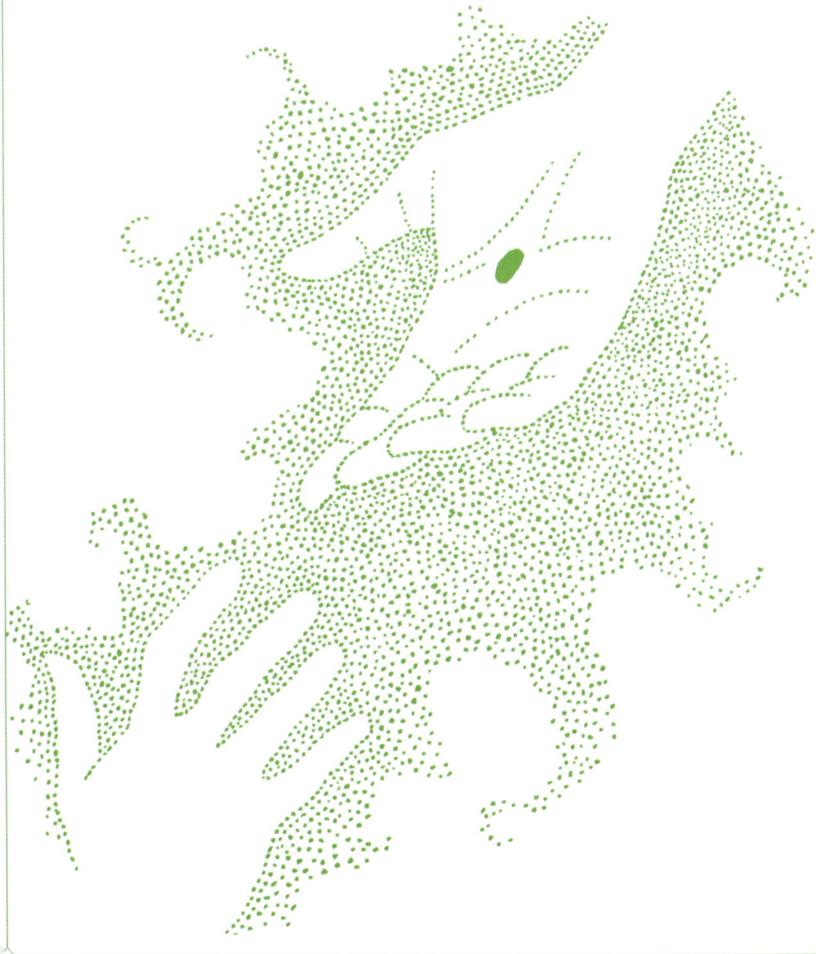

구병리 마을

1

구병리는 19세기 중엽부터 정감록(鄭鑑錄)을 신봉하는 자들이 모여 형성된 마을이다. 이곳은 한국의 '환란의 피난처' 열 곳 중의 하나이다(정감록의 십승지 중 한 곳).

구병산 자락의 구병리 마을은 해방 이후와 6.25 전쟁 때 많은 사람이 피난을 와서 한때는 큰 마을을 이루기도 했다.

해발 500m의 산 중턱에 자리 잡아 물이 맑고 공기가 좋은 이곳은 100세 이상 장수하는 이들이 많아 장수 마을로도 유명하다. 산천이 수려해 '충북의 알프스'라고도 불리는데 충북 보은군 구병산(876m)에서 시작해 장고개를 거쳐 백두대간을 들어서서 삼학봉(861m)까지 이어지는 43.9km 구간의 능선이 유럽의 알프스와 비교해도 손색이 없다는 평가이다. 구병산은 속리산과 마주 보고 있고 속리산을 '아비산', 구병산을 '어미산'이라 부르기도 한다.

2009년 7월 3일 「충북일보」 기사에서

60세에 낳은 아들

2

나의 아버지는 선생님으로, 서당에서 한문과 예법, 제사법 등을 가르치셨다. 아버지는 다른 아이들을 가르칠 때는 빈틈이 없고 엄하기로 유명했다. 그러나 그런 아버지도 정작 자식인 나에게는 글을 가르쳐 주지 않았다. 나는 부모님이 지극정성을 들인 끝에 환갑이 되어서야 얻은 '사대 독자'였다. 어렵게 얻은 아들인 만큼 얼마나 소중했겠는가? 그럼에도 아버지가 글을 가르쳐 주지 않은 것은 당시 시대적 배경 때문이다.

그때는 일제 강점기로서 난세에 아들이 글을 배우면 제 명에 살지 못한다는 일종의 자신만의 확신과 고정관념이 있었던 것이다.

나는 비록 세상 지식과 학문은 없지만 예수님 한 분만을 아는 지식에는 소홀함이 없음을 고백할 수 있다.

그 안에는 지혜와 지식의 모든 보화가
감추어져 있느니라

—골 2:3

장가가던 날

3

구병리 산속에 있는 마을에서 태어나고 자란 나는, 이곳에서 결혼도 했다. 상대는 산 위에 사는 유옥선이라는 아가씨였다. 이북 출신으로 키는 작지만, 유머 감각이 있고 성격이 쾌활했다. 그녀는 내가 스물한 살 때, 열아홉의 나이로 시집을 왔다. 그날은 동네잔치로 떠들썩했는데, 동네 사람 모두 우리의 결혼을 축하해 주었다.

내가 결혼할 당시 마을에는 약 70호 정도가 살고 있었다. 그 당시는 한 가정에 보통 5~6명 정도였고, 그보다 많은 집도 있었다. 우리 마을은 산간지방이라 논농사 짓기가 어려웠다. 산에 가서 땅을 개간하고 나무를 태워 불을 놓은 뒤, 감자나 옥수수를 심었다. 감자를 삶고, 옥수수로 죽을 끓여 끼니를 때웠다. 그때는 나만 그랬던 것이 아니라, 동네 사람 모두 그렇게 살았다.

반찬은 소금뿐이었다. 쌀은 구경하기도 어려운 시절이었다. 일본이 준 고통은 이 산골 마을까지 예외일 수 없었다.

내가 태어나서 결혼한 후에도 이 마을에 예수님을 믿는 사

람은 한 명도 없었다. 아내 쪽에서도 교회 나가는 사람이 없었
다. 마을 사람들은 모두 산제당에 절을 했다. 그런 환경 속에
서도 하나님은 나를 향해 구원의 손길을 준비하고 계셨다.

너희는 그 은혜에 의하여 믿음으로 말미암아 구원을 받았으니
이것은 너희에게서 난 것이 아니요 하나님의 선물이라 행위에서
난 것이 아니니 이는 누구든지 자랑하지 못하게 함이라

—엡 2:8-9

도끼로 내리친 검지

4

예수를 믿기 전 나는 술을 무척 좋아했다. 술 한 말을 어깨에 메고 가라면 못 가도, 마시고 가라면 갈 수 있었다. 이렇게 술과 나는 떼려야 뗄 수 없는 사이였다. 술을 좋아하다 보니 싸움판에는 항상 내가 끼어 있었다.

술 다음으로 내가 좋아하는 것이 또 있었는데 노름이었다. 노름에 빠진 나는 걸핏하면 집에 있던 소와 돼지를 내다 팔았다. 1주일간 노름하다가 돈이 떨어진 나는 궁여지책으로 소죽 끓이는 가마솥까지 팔았다. 있는 것 없는 것 죄 다 팔았지만 깨진 독에 물 붓기였다.

팔 수만 있다면 마누라까지 팔고 싶은 심정이었다.

노름에 빠진 나는 3일, 5일 혹은 10일 만에 집에 돌아왔다. 노름은 내 인생에 있어서 그나마 낙이었고 기쁨이었다. 노름에 집중할 때는 모든 시름을 잊었지만, 그 순간뿐이었다. 당시 나는 도박의 영에 꽁꽁 묶여 있었다.

도박은 돈 없이는 불가능했기에 돈을 구하려고 발버둥쳤다. 이런 세월이 계속되자 더 이상 이렇게 살면 안 된다는 양심의 소리가 들렸다. 아내의 성화도 힘들었지만, 이제 노름을 끊어야겠다고 결심했다.

"상호야! 이제 결단을 내려!"

"무슨 결단?"

"내 오른손 검지를 도끼로 찍어 버릴게. 그래야 노름을 못하지."

"정말 그렇게 할 수 있을까?"

"그럼 너는 할 수 있어! 이 노름 때문에 가정이 풍비박산이 날 것 같아. 이제라도 결단을 내려야 해!"

이렇게 내 자신과 진지한 대화를 마친 나는 아내 앞에서 묵직하고 날카로운 도끼를 집어 들었다. 그리고 내 오른손 검지를 내리찍었다.

검지는 힘없이 땅바닥에 떨어져 뒹굴었다. 붉은 피가 분수처럼 하늘로 솟구쳤다.

이제 나는 손가락 하나 없는 아쉬움은 있지만, 아내에게 남자다운 결단력을 보여줄 수 있었기에 내심 흐뭇했다.

그 후 나는 농사짓는 데만 열중했다. 그러나 몇 달 가지 않아 이 결심은 무너졌다. 마을에서는 김상호가 손에 붕대를 감은 채 노름판에 끼어들었다는 소문이 났다. 결국 잘린 손가락에 붕대를 칭칭 동여맨 것 외에는, 이전 상태로 되돌아갔다.

예수를 믿고 깨달은 것은, 우리가 아무리 굳은 결심을 해도 하나님의 도우심이 없다면 이루기 어렵다는 것이다. 이 모든 것은 하나님의 은혜로 가능한 일이다.

여호와께서 집을 세우지 아니하시면

세우는 자의 수고가 헛되며

여호와께서 성을 지키지 아니하시면

파수꾼의 깨어 있음이 헛되도다

—시 127:1

PART 2

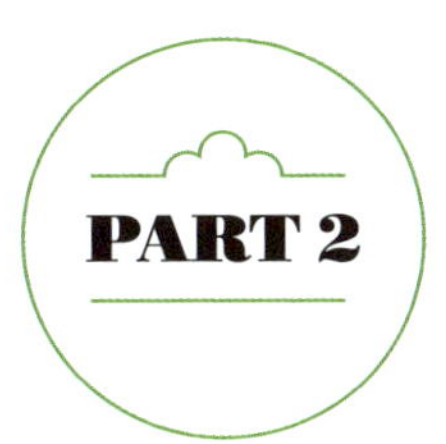

예수를 믿은 후

볼지어다 내가 문 밖에 서서
두드리노니 누구든지 내 음성을 듣고
문을 열면 내가 그에게로 들어가
그와 더불어 먹고
그는 나와 더불어 먹으리라

—계 3:20

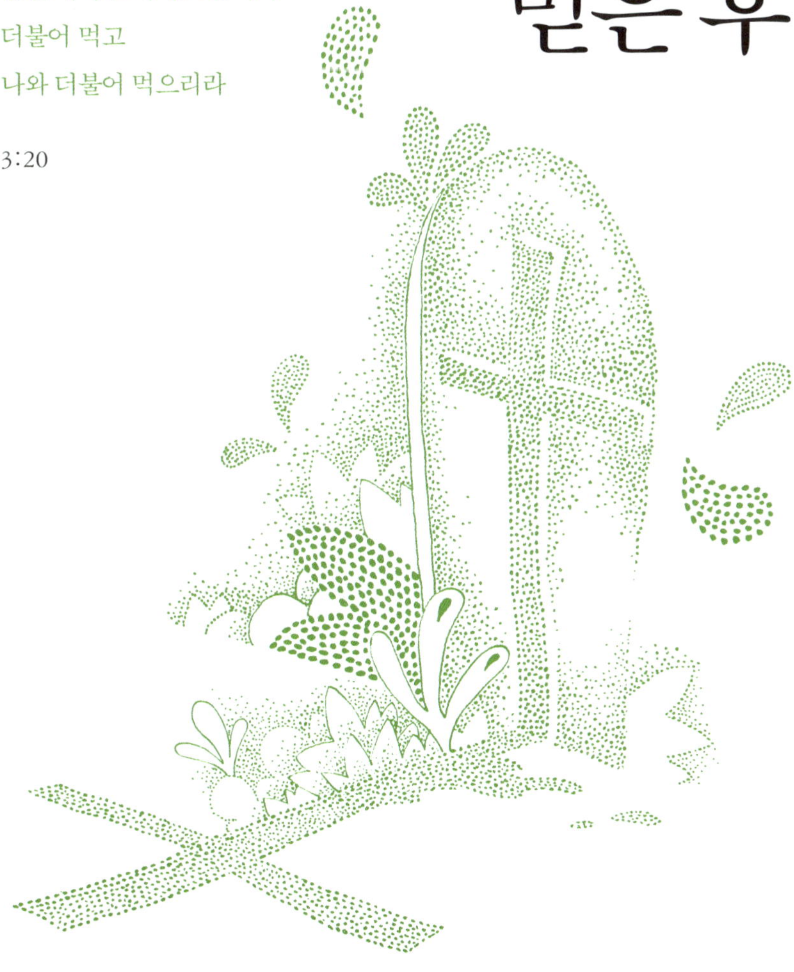

나를 찾아오신 하나님

5

 노름으로 허송세월하던 나는, 여느 날과 다름없이 술에 취해 집에서 잠을 자고 있었다.

방구석에 구겨진 신문 조각처럼 널브러져 있던 나에게 복음이 소식이 들려왔다. 아랫마을에 있는 조그만 시골 교회에서 전도를 나온 모양이었다.

우리 마을은 원래 정감록을 신봉하는 사람들이 살고 있었기에 전도하러 오는 사람이 없었다. 가장 가까운 교회라도 한참 가야 했다. 그러니 이렇게 전도하러 오기란 쉬운 일이 아니었다. 그것도 술에 취해 잠든 나에게 '예수 믿으라'는 소리는 귓등으로 흘려버릴 수밖에 없는 먼 나라 얘기였다.

"여기 주인 안 계시나요?"

전도하는 사람들이 우리 집에 찾아왔다.

"무슨 일이요?"

아직 술이 깨지 않았던 나는 귀찮은 기색으로 대답했다.

"예, 우리는 아랫마을 교회에서 전도 나온 사람들입니다."

"그런데요?"

나는 예수쟁이들에게 퉁명스럽게 말했다.

"예수 믿고 천국 가세요."

그들은 내 말이 안 들리는 듯, 천국 타령을 했다. 너무 한심해 보였다.

'세상이 끝나면 그만이지, 천국은 무슨 천국이야! 없는 천국 만들어 놓고 헌금 뜯어 먹으려고 목사들이 저런 놈들을 풀어 놓은거야!'

이렇게 생각한 나는 그들을 향해 소리를 질렀다.

"천국은 없어요! 괜히 고생하지 말고 돌아가시오!"

그래도 그들은 아쉬운 듯 뒤돌아서면서 한마디 했다.

"예수 믿고 천국 가세요."

그런데 이게 웬일인가? 그들이 돌아간 후에도 한참 동안 이 말이 귀에 맴돌았다.

"예수 믿고 천국 가세요! 예수 믿고 천국 가세요! 예수 믿고 천국 가세요!"

이 소리는 내 귀에 계속 들렸다. 밤낮 이 소리가 들리니, 도무지 살 수가 없었다.

주변 사람들에게 말했더니, 나더러 예수 귀신이 붙었다고 한다. 무당에게 가도 소용없으니, 그때 전도하러 왔던 교회에 가서 기도 받으면 고침 받을 것 같다고 했다. 즉시 나는 2시간 걸려 아랫마을 교회를 찾았다. 교인들은 나를 반갑게 맞아주면서도, 무슨 일인지 매우 궁금해했다.

"예수 믿고 천국 가세요"라는 말이 계속 들려서 못 살겠습니다. 이 소리가 안 들리려면 어떻게 해야 합니까?"

전도사님이 미소를 지으면서 말했다.

"기도를 받고 예수를 믿으면 그 소리는 들리지 않을 겁니다."

"정말입니까?"

"물론입니다."

"알겠습니다. 저를 위해 기도해 주시고 소리만 안 들리게 해 주십시오."

전도사님은 나를 위해 정성껏 기도했다. 그의 뜨거운 정성이 진지하게 느껴졌다.

놀랍게도 3일 동안 계속 들리던 소리가 멈췄고 더 이상 들리지 않았다. 그렇게 해서 나는 예수님을 믿게 되었다.

이 깊은 산중까지 복음을 들고 와 전도해 준 분들에게 감사드린다. 그 전도자들이 없었다면 내가 과연 술과 도박을 끊고 예수를 믿을 수 있었겠는가?

좋은 소식을 전하며 평화를 공포하며
복된 좋은 소식을 가져오며 구원을 공포하며
시온을 향하여 이르기를 네 하나님이 통치하신다
하는 자의 산을 넘는 발이 어찌 그리 아름다운가

—사 52:7

발가락 여섯 개가 잘려 나간 꿈

6

교회에 등록하고 돌아와 잠을 자는데, 꿈속에 아버지가 나타났다. 아버지의 얼굴은 진노로 가득했다.

"아버님! 웬일이십니까?"

"이 괘씸한 놈, 산신도 버리고 아비도 배신하고 예수를 믿어?"

아버지 손에는 날카로운 가위가 들려 있었다. 나는 도망갈 틈도 없이, 아버지가 들고 있던 가위에 발가락 여섯 개가 잘리고 말았다.

식은땀을 흘리며 잠에서 깼다. 비록 꿈이었지만, 내게 심상치 않은 일이 일어날 것만 같았다.

발가락은 자손을 상징한다고 했거늘, 행여 우리 아이들에게 무슨 일이 생기는 것은 아니겠지?

나는 나중에야 조상 마귀 귀신이 아버지 형상을 뒤집어쓰고 내 아버지인 척하며 꿈에 나타났음을 알게 되었다. 마귀의 자녀였던 나와 우리 가정이 하나님의 자녀가 되는 것을 막기 위함이었다. 그럴지라도, 영적 세계가 있다는 것을 알고 마음을 굳게 먹고 타협하지 않을 때 마귀가 떠나간다. 사람의 영혼은 이 땅을 떠나면 반드시 천국이나 지옥에 간다는 것이 성경의 진리다. 영혼이 구천에 떠돈다는 등의 말은 사람이 지어낸 낭설일 뿐, 중간 세계는 없다는 사실이다.

자녀이면 또한 상속자 곧 하나님의 상속자요
그리스도와 함께 한 상속자니
우리가 그와 함께 영광을 받기 위하여
고난도 함께 받아야 할 것이니라

—롬 8:17

예수를 믿고 1년 만에
여섯 자녀를 잃다

7

구병리에서 교회가 있는 아랫마을까지 가려면 도보로 약 2시간 소요된다. 주일 아침 7시에 집을 나서면 9시경에 도착했다. 그렇게 교회에 가기 시작한 지 한 달쯤 되었을까. 올해 열세 살인 딸 양옥이가 갑자기 다리가 아프다고 했다. 침 잘 놓는 사람을 찾아가 침을 맞아도 소용이 없었다. 며칠 동안 근심 속에 있었는데,

양옥이가 이상한 말을 했다.

"양옥아, 너 좀 어떠냐?"

"엄마, 나 이제 죽을 거예요."

"뭐라고?"

"하나님이 나를 부르세요. 엄마, 아랫마을 교회 전도사님을 불러주세요. 저를 위해 예배드려 주면 좋겠어요."

그때 나는 이것이 더 이상 인간의 힘으로 어찌할 수 없는 일임을 직감했다. 그리고 십 리 밖에 있는 교회까지 한달음에 달려갔다.

"전도사님! 큰일 났습니다."

평소와는 달리 다급한 내 목소리에 전도사님이 놀란 표정

을 지었다.

"무슨 일이십니까?"

"제 딸 양옥이가 숨이 넘어가고 있습니다. 전도사님이 예배를 드려 주면 좋겠답니다."

"무슨 예배를 드려달라는 말입니까?"

"…임종 예배입니다."

전도사님은 일이 심상치 않음을 직감했다. 성경을 집어 들고, 나를 따라 구병리로 뛰었다.

집을 향해 달려가던 중 며칠 전에 꾼 꿈이 생각났다.

'아버지가 내 발가락 여섯 개를 자르더니, 설마 이것이 시작인가? 정말 산신령이 노했다는 말인가?'

내 머릿속에는 별별 생각이 들어 혼란스러웠다. 어느새 집 앞에 도착했다.

예배가 시작되자 전도사님은 환상이 보인다고 했다. 새하얀 옷을 입은 천사들이 딸에게 그들과 같은 흰옷을 입혀, 하늘로 데리고 올라가고 있다고 했다. 잠든 딸의 모습이 어찌나 평화로운지 천사 얼굴 같았다. 그렇게 눈에 넣어도 아프지 않을 딸을 천국으로 보냈다.

옛날 충청도 지역에서는 아이가 죽으면 매장하는 대신 돌무덤을 만들었다. 딸의 시신을 지게에 지고 돌무덤을 만들러 가는 길에, 눈물을 주체할 길이 없었다. 무덤을 만들고 그 앞에 무릎을 꿇고 눈물로 기도했다.

"하나님! 우리 딸의 영혼을 불쌍히 여겨주옵소서! 내 신앙이 아직 깊지 못하여 하나님의 깊은 뜻을 헤아릴 수 없습니다. 그러나 여기에도, 하나님의 뜻과 섭리가 분명 있으리라 봅니다. 내 딸의 영혼을 받으시고 천국에서 다시 만나게 하옵소서."

이렇게 해서 딸의 장례를 치렀다. 한 달 뒤, 둘째 딸에게도 같은 일이 벌어졌다. 정신을 차릴 수가 없었다. 그때는 내 눈에도 천사가 보였다. 천사들이 딸에게 흰옷을 입혀 주었다. 먼저 하늘 나라로 간 언니가 동생 이름을 부르고 있었다.

"여기 정말 좋아, 아픔도 슬픔도 없는 나라야."
"정말?"
"그렇다니까, 빨리 와! 너무 좋은 나라야."
두 딸이 순간에 하늘나라로 올라갔다. 이렇게 둘째 딸도 사흘을 앓다가 천국에 갔다. 딸을 산에 묻고 딸의 영혼을 하나님께 부탁했다.

교회 나간 지 세 달이 되었을 때였다. 셋째 딸에게 열이 심하게 났다. 아이가 아무것도 먹지 못한 채 사흘을 앓더니 하늘 나라로 가고 말았다. 한 달 뒤에 교회 나간 지 네 달이 되었을 때 넷째 딸도 사흘을 앓다가 가버렸다. 그 후 다섯째 딸도 똑같이 잃고 말았다.

딸 다섯을 보내고 두 아들만 남아 있을 때였다. 현재 큰아들은 살아서 목회를 잘하고 있지만, 당시 둘째 아들은 원인 모를 병에 걸려 의식이 혼미해졌다. 나는 산에 올라가 하나님께 죽을 힘을 다해 기도를 드렸다.

"하나님! 내 아들 좀 살려주세요. 저 어린 자식이 무슨 잘못이 있습니까? 제가 4대 독자 아닙니까? 딸 다섯이 죽었는데 아들마저 데려가시면 저는 어떻게 합니까? 간절히 바라건대 차라리 아들을 살려주시고 내 영혼을 거둬가소서!"

나는 그날 밤을 마지막이라고 생각하고, 혼신의 힘을 다해 기도하고 또 기도했다. 집으로 돌아갔는데, 마루에 무언가 흰 보자기가 씌워져 있었다.

"여보, 이게 뭐요?"

"어젯밤에 갑자기 가버렸어요…"

"뭐라고?"

순간 하늘이 노랗게 변하면서 정신을 차릴 수가 없었다. 딸들을 하늘로 보내기 시작하면서부터, 이미 내 정신은 정상이 아니었던 것 같다.

'정녕 이럴 수가 있단 말인가? 예수 믿으면 복 받는다고 예수쟁이들이 그러지 않았던가? 딸 다섯에 아들까지 보냈는데, 이게 복 받은 것인가? 정말 하나님이 존재하긴 하는 건가? 아, 어쩌면 좋아. 내 생명보다 귀한 여섯 자식을 데려가시니 나는 어떻게 살란 말인가?'

나는 분노와 배신감에 흰 보자기를 걷어 젖히고, 죽은 아들을 향해 울부짖었다. 곡괭이를 들어, 부모보다 먼저 간 불효자라고 외치며 아들을 내리찍었다. 훗날 아내는 그때의 내 모습이 꼭 미친 사람 같았다고 했다.

나는 정신을 차리고, 곡괭이로 조각낸 내 분신 같은 아들의 시신을 주섬주섬 모아 지게에 얹었다. 지게를 진 어깨가 한없이 무거웠다. 산에 무덤을 만들고 통곡을 하던 나는 결국 기절을 하고말았다.

여호와께서 사탄에게 이르시되 내가 그의 소유물을
다 네 손에 맡기노라 다만 그의 몸에는 네 손을 대지 말지니라
사탄이 곧 여호와 앞에서 물러가니라

—욥 1:12

내가 모태에서 알몸으로 나왔사온즉
또한 알몸이 그리로 돌아가올지라 주신 이도 여호와시요
거두신 이도 여호와시오니 여호와의 이름이
찬송을 받으실지니이다

—욥 1:21

동네 사람들의 비웃음

8

 말하기를 좋아하는 동네 사람들은 이구동성으로 떠들어댔다.

"자네, 소식 들었나?"

"무슨 소식?"

"글쎄, 김상호네 말이야, 거 뭐라고 하더라? 야소교인지 예수교인지 믿다가 쫄딱 망한 거."

"아니, 망하다니? 어찌 망했단 말인가?"

"우리 동네 산신을 배신하고 서양 종교 믿다가 애들 여섯이 죽었지 뭔가."

"산신령이 노하신 게지."

"우리도 잘못하다가 김상호네 꼴 나는 거 아녀?"

"그러게, 지극정성으로 섬겨야지, 어디 무서워 살겠나?"

"조상 대대로 모셔온 산신을 배신하더니만 꼴 좋네."

"쯧쯧, 안됐어."

서양 귀신이 옴 붙을까 봐 무서웠던 동네 사람들은, 나와 마주칠 때마다 돌아가거나 거리를 두고 걸었다. 예수를 믿었으면 집안이 잘 풀려야 동네 사람들한테도 떳떳할 텐데, 오히려 예수 때문에 핍박을 받는 처지가 되었다.

처음으로 이 동네에서 예수를 믿는 집이 나왔지만, 상황은
세상 사람들이 기대하는 복과는 거리가 멀었다. 그야말로 우
리 집안은 죄인이나 다름없는 처지였다.

사람들이 종일 내게 하는 말이
네 하나님이 어디 있느뇨 하오니
내 눈물이 주야로 내 음식이 되었도다

—시 42:3

그가 음부에서 고통 중에 눈을 들어
멀리 아브라함과 그의 품에 있는 나사로를 보고
불러 이르되 아버지 아브라함이여
나를 긍휼히 여기사 나사로를 보내어
그 손가락 끝에 물을 찍어 내 혀를 서늘하게 하소서
내가 이 불꽃 가운데서 괴로워하나이다…

어둠의 세계

너희와 우리 사이에
큰 구렁텅이가 놓여 있어
여기서 너희에게 건너가고자 하되
갈 수 없고 거기서 우리에게
건너올 수도 없게 하였느니라

—눅 16:23-26

기절한 후 열린 세계

9

나는 예수를 믿고 한 해 만에 여섯 자녀가 죽는 고통을 체험했다. 구약 성경의 욥은 열 자녀가 죽었다(욥 1:13-19). 내가 당하는 이 환난을 어찌 욥에 비할 수 있을까마는, 보통 일반 기독교인들이 겪는 환난에 비하면 작지 않다고 생각한다.

하나님께서 딸 다섯을 데려가시고 아들마저 부르셨을 때 나는 제정신이 아니었다. 넋이 나가 있었고 숨은 쉬고 있었지만, 살아있는 것이 아니었다.

언젠가 나는 어떤 여인이 병원 앞에서 실성하다시피 몸부림치는 장면을 본 적이 있다. 자녀가 크게 교통사고를 당했다고 한다. 그 모습을 지켜보던 사람들도 안타까워했다. 나는 이런 상황을 여섯 번 겪었다.

일 년 동안 여섯 자녀가 떠나가는 고통은 어떠했겠는가? 교회에서도 무어라 내게 설명해 줄 수 없었다. 가족이나 친지, 동네 사람들은 나를 미친놈이라고 손가락질했다. 예수를 믿으면 저렇게 망한다는 본보기가 되고 만 것이다.

나 역시 예수를 믿은 지 얼마 안 되는 초신자 때라 사방에서 불어오는 환난의 폭풍을 어떻게 감당해야 할지 몰랐다. 인간의 힘으로는 버텨낼 수 없는 한계에 이르렀다.

아들의 무덤 앞에서 통곡하다가 기절한 나를 하나님께서 영의 세계로 인도하셨다.

지옥문 앞에서 마귀가

10

평소에 나는 이승과 저승 사이가 먼 줄만 알았다. 물론 나와는 상관없는 세계라고 생각하고 살아왔다. 전도자들이 "예수 믿고 천국 가세요."라고 말할 때, 이를 심각하게 받아들여 진지하게 고민해 보는 사람들이 얼마나 될까?

사후 세계가 있다면 내 영혼은 어떻게 될 것인가? 전도자의 말을 두려움 속에 경청하는 사람은 극히 소수인 것 같다. 창세기에 나오는 롯의 사위가 그랬던 것처럼 농담으로 받아들이고(창 19:14), "너나 믿으라" 하는 사람들이 대부분이다.

다만 나의 목표는

나 또한 교회 전도사님이 설교 중에 천국과 지옥에 대한 말씀을 전해도 그렇게 피부에 와 닿지 않았다. 만일 내 인생에 특별한 체험이 없었다면 처음 신앙생활을 시작한 수십 년 전이나 지금이나 별반 달라지지 않았을 것이다. 하지만 분명한 것은 사후 세계는 물론이고, 천국과 지옥이 실재한다는 사실이다.

한번 죽는 것은 사람에게 정해진 것이요

그 후에는 심판이 있으리니

—히 9:27

나는 이 세계를 언급하며 두려움과 조심스러움이 앞선다. 나는 신학자도 아니고 말씀을 가르쳐온 목사님도 아니기 때문이다. 바울과 같이 전무후무한 사도도 이렇게 말했다.

무익하나마 내가 부득불 자랑하노니 주의 환상과 계시를
말하리라. 내가 그리스도 안에 있는 한 사람을 아노니
그는 십사 년 전에 셋째 하늘에 이끌려 간 자라.
그가 몸 안에 있었는지 몸 밖에 있었는지 나는 모르거니와
하나님은 아시느니라. 그가 낙원으로 이끌려 가서
말로 표현할 수 없는 말을 들었으니 사람이 가히
이르지 못할 말이로다

—고후 12:1-4

그런데 내가 개인적인 체험을 만인에게 알린다는 것에 대해 송구한 마음이 든다. 다만 나의 목표는 나의 영적 체험을 통해 한 사람이라도 주님께 돌아와 구원받는 것이다. 내 나이 아흔 살을 향해 달려가고 있고, 남은 생도 그렇게 길지 않을 것이다. 혹시 거슬리는 영적 용어가 있다고 해도 너그럽게 용서해 주시기를 바란다.

아들의 무덤 앞에서 기절한 후 다른 세계가 열렸다. 눈앞에 낡은 초가집 한 채가 나타났는데, 어느새 나는 그 마루에 앉아 있었다. 내 마음과 육체에 알 수 없는 변화가 느껴졌다. 머리 끝부터 발끝까지 떨리기 시작했는데 걷잡을 수 없었다.

왜 이렇게 두렵고 떨리는지, 이 초가집은 도대체 무엇인지 알 수가 없었다. '혹시 죽어서 이곳에 온 것은 아닐까?' 생각하고 있는데, 낡은 초가집 대문이 삐거덕삐거덕 소리 내며 열렸다. 그런데 이게 웬 말인가? 영화에서나 보던 마귀가 셋이 나타났다

마귀들이 나타나다

그 마귀들은 얼굴은 사람의 모습이었지만 몸은 숯검댕이처럼 새카맸다. 머리카락은 지저분했고, 땅에 질질 끌렸다. 제일 먼저 나타난 놈이 가장 크고 힘이 세 보였다. 두 번째와 세 번째 마귀들은 그 뒤를 잇는 것 같았다.

한 마귀 옆에 책상이 놓여 있었는데, 그가 대뜸 내 이름을 불렀다.

이상하게도 내가 이름을 가르쳐 준 적이 없는데, 그놈들은 이미 알고 있었다. 어떻게 알았을까? 내 눈에 저 마귀들이 보이니 나는 이미 죽었고, 지옥에 왔다는 생각이 들었다. 예수 믿으면 천국 간다고 해서 딸 다섯과 아들을 잃어도 신앙을 변절하지 않았는데, 하나님은 내게 그것도 모자라 지옥에 보내셨다는 말인가?

그럼 예수를 믿으면 천국 간다는 사실은 거짓말인가? 내 아이들도 이곳에 있단 말인가? 이런저런 생각으로 혼란에 빠져 있을 때 귀청을 찢는 듯한 마귀의 고함 소리가 들렸다.

"김상호! 이놈, 내 말 안 들려? 빨리 이 앞으로 나와!"

나는 마귀의 위엄 앞에 사시나무 떨듯 부들부들 떨면서, 그 앞으로 기어갔다.

"이놈아, 내가 부르면 빨리빨리 와야지! 그렇게 한가하게 딴생각하고 있으면 어떻게? 우리는 너희처럼 한가한 마귀가 아니야. 하루 일당 채우려면 얼마나 바쁘게 일해야 되는 줄 알아? 일을 빨리빨리 처리하지 못하면 우리 대장 앞에 징계받고 또 매를 맞는단 말이야. 알았어?"

"네, 죄송합니다."

마귀가 앉아 있는 의자 앞에 더러운 책상이 하나 놓여 있었는데, 세상 고물상에도 찾아보기 어려울 만큼 닦지 않아 새카맸다. 그런데 그 위에는 누런 공책 한 권이 놓여 있었다. 마귀가 공책 위에 쌓여있는 먼지를 더러운 손으로 툴툴 털면서 말했다.

"김상호!"

"네."

"오늘 네가 죽은 날이야."

"뭐라고요? 내가 죽다니요?"

나는 마귀가 하는 말이 이해가 안 돼, 그냥 멍하니 쳐다보았다.

"내가 이렇게 부드럽게 말해도 알아듣지 못하네. 네가 죽었단 말이다."

"제가 언제 죽었습니까? 지금 이렇게 살아있는데요."

"이놈아! 아까 네 아들 무덤가에서 통곡하다가 숨이 끊어져 여기 오지 않았느냐?"

"그럼, 제가 그때 죽은 것입니까?"

"그렇다니까!"

"아닙니다. 내가 비록 예수 믿은 지 얼마 되지 않아 잘 모르겠습니다만, 예수 믿으면 세상과 죄악 가운데서 구원해 주신다고 들었습니다. 예수님 때문에 제 여섯 남매를 잃었어도 신앙만은 변절치 않았는데, 제게 지옥이란 있을 수 없습니다."

부르짖는 기도가 천지를 울려

"이놈 봐라. 우리 마귀 나라에서는 실수란 없어. 고집부리지 말고 네가 영원히 지옥의 고통을 당해야 한다는 것만 기억해!"

"아닙니다. 나는 천국에 가야 할 사람이고, 거기서 제 아이들을 만나야 합니다."

"좋아! 김상호, 다시 한번 확인해 보자."

"좋습니다."

“네 고향이 충청북도가 맞나?”

“네.”

“아, 그럴 것이 아니라 이승에서 네 고향 주소를 대봐.”

“네. 알겠습니다. 충청북도 보은군 속리산면 구병리 521번지 입니다.”

내가 주소를 또박또박 대답하자, 의자에 앉아 있던 마귀는 냄새가 풍기는 더럽고 두꺼운 공책을 뒤지기 시작했다. 앞장을 넘기기 시작하여 맨 뒷장까지 끝냈다. 또 뒤에서 넘기기 시작해 앞장까지, 무려 열 번이나 뒤적인 끝에 얼굴이 굳어졌다. 앞에 있는 험상궂은 마귀에게 무슨 신호를 보내는 것 같았다. 그러자 좀 떨어져 있던 대장 마귀가 책상 옆으로 어슬렁어슬렁 걸어왔다. 그중 성질이 급하고 포악한 두 번째 마귀가 달리기 선수처럼 달려와 상황 판단을 할 것도 없이 쇠방망이로 나를 내리쳤다.

그 무서운 쇠방망이가 하늘 높이 솟으면서 두려움에 떨고 있던 나를 향해 날아왔다. 나는 반사적으로 젖 먹던 힘을 다해 “주여!”하고 크게 부르짖었다. 이 소리는 내가 이승에서 기도할 때나, 또 위급한 상황이 닥쳤을 때 하는 제일 짧은 기도였다. 이 “주여!”라는 소리는 천지를 울렸고, 흉악한 마귀들을 뒤로 자빠뜨렸다. 하늘에 계신 주님이 내 목소리를 들으셨으리라.

태산이 떠나갈 것 같은 주여 소리가 들림과 동시에, 내 앞에 큰 산 하나가 나타났다. 어떤 위엄 있는 분이 큰 소리로 "김상호를 데리고 가지 말고, 그 윗집에 사는 여자를 데리고 가라!"고 말했다. 그러자 마귀 세 마리가 우리 집 윗집으로 달려가는 모습이 보였다.

마귀들끼리 하는 소리가 들렸다.

"대장 마귀!"

"왜?"

"아까 제가 김상호 주소를 열 번이나 확인하지 않았습니까?"

"그렇지. 그런데 한 번도 실수를 안 하던 놈이 이번엔 어떻게 실수한 게냐? 너 죽은 놈 주소 확인하고 데려오는 일을 천 년도 넘게 하지 않았느냐? 다시는 이런 실수가 있어서는 안 돼."

"아닙니다. 제 실수가 아닙니다."

"무슨 변명이냐, 자꾸 우길래?"

"제 말씀 좀 들어보시라니까요."

"그래, 말해 봐라."

마귀 나라 호적을 담당하는 마귀가 이렇게 말했다.

“대장님, 김상호의 주소와 그 윗집의 주소가 같습니다. 그래서 이런 일이 생긴 것이니 저를 너그럽게 용서해 주십시오.”

“음, 알았다.”

“애들아, 빨리 가자!”

마귀들이 갑자기 분주해졌다.

“아까 우리가 실수해서 사람을 잘못 데리고 왔다.”

“네.”

“지금 시간을 많이 허비해서 나중에 상부에서 검열이 나오면, 우리 모두 감봉에다 징계감이야.”

“네, 알겠습니다.”

“하늘에서 들려온 음성대로 김상호네 윗집으로 즉시 달려가야 한다.”

이 말이 떨어지기가 무섭게 마귀 세 마리는 번개처럼 윗집으로 날아갔다. 그 모습을 보고 있는 것만으로도 온몸이 전기에 감전된 듯 찌르르하며 떨려왔다.

영원히 타오르는 불길 속으로

그 집에는 여자가 오랫동안 병으로 앓다가 수명이 다해 가고 있었다. 그 여자는 생전 보지도 듣지도 못한 지옥 나라 사자를 보고는 온몸을 바르르 떨더니 두 손을 모아 싹싹 빌었다. 그렇다고 마귀들이 용서해 줄 것 같지 않았다.

아까 내 경우와 같은 실수가 있을까 봐 주소를 다시 확인한 마귀들은 그녀의 인상착의를 점검했다. 지옥으로 데려갈 사람임이 확인되자 곧바로 행동에 옮겼다. 한참을 보고 있는데, 또 마귀들의 대화가 들렸다.

"네 이년!"

"네."

"너 때문에 우리가 징계받을지도 몰라."

"한 번만 용서해 주십시오!"

"우리는 그런 거 몰라. 우린 대장 명령대로 움직일 뿐이야."

제일 강한 첫 번째 마귀가 쇠꼬챙이 달린 신발로 병들어 파리한 여자의 목을 짓눌러 버리자, 그녀는 숨이 드르륵드르륵거리며 넘어갈 것 같았다. 비록 남의 일이지만, 그 모습을 보고 있다는 자체가 보통 고통이 아니었다.

—유 1:9

두 번째 마귀가 그 여자의 배를 밟고 공중에 점프하면서 깔아뭉갰다. 여자는 죽는다고 비명을 질렀다. 하지만 누구 하나 도와줄 사람이 없었다. 그런 고통이 계속되다가 그녀 안에서 '새카만 사람'이 하나 '톡' 하고 밖으로 빠져나왔다. 그녀의 영혼이라는 생각이 들었다.

마귀들도 몹시 바쁜지 서둘러 쇠사슬로 그 여자의 손을 묶더니 질질 끌고 갔다. 그녀는 그들에게 안 끌려 가려고 애를 썼지만 이미 때는 늦은 것 같았다. 사람이 죽은 후에는 심판이 있다는 말씀을 그때처럼 느껴보기는 처음이었다(히 9:27).

그 여자는 결국 마귀 세 마리에게 끌려오더니 끝도 없는 낭떠러지 밑에 영원히 타오르는 불길을 보았다. 그때 그녀의 애절한 소리가 들렸다.

"나는 왜 세상에서 살 때 예수를 영접하지 못했나, 우리 동네까지 와서 예수를 믿으라고 전도했는데 왜 나는 그 소리를 듣지 못했나, 나는 어떻게 저 유황불 속에서 살아간다는 말인가?"

그러나 아무리 후회해도 소용없었다. 그중 제일 힘이 센 마귀가 벼랑 위에서 그녀를 향해 발길질을 했다. 그녀가 비명을 지르는데 나는 차마 그 소리를 들을 수 없어 귀를 막았다.

마땅히 두려워할 자를 내가 너희에게 보이리니 곧 죽인 후에
또한 지옥에 던져 넣는 권세 있는 그를 두려워하라
내가 참으로 너희에게 이르노니 그를 두려워하라

—눅 12:5

지옥 가는 넓은 길과
천국 가는 좁은 길

11

내가 알고 있는 동네 여자가 지옥불에 떨어진 것을 본 나는 두려움에 떨고 있었다. 그 순간 세상에서는 상상할 수 없는 하얀 옷을 입은 아름다운 천사가 나타났다. 천사의 부드러운 목소리는 긴장과 피곤함에 시달린 나에게 여름날의 시원한 생수처럼 느껴졌다. 천사가 이렇게 말했다.

"나는 예수님이 보낸 천사란다. 예수님이 너의 아픔과 눈물과 기도를 보고 나를 보내셨다."

나는 감격하였고 어찌할 바를 몰랐다.

"너무 감사합니다. 주님께서 저를 불쌍히 여기셔서 천사를 보내셨군요."

넓고 편한 길로 가는 수많은 이들

"이제 너는 나를 따라오거라. 그러면 음부와 낙원을 체험하게 될 것이다. 내가 이 임무를 주님께 받았다."

"알겠습니다."

나는 그 천사를 따라 넓은 길로 한참 동안 가고 있었다. 수천 명도 더 되는 사람이 무리를 지어 가는 것이 보였다.

천사가 말했다. "이 길은 넓고 편하지만 지옥으로 가는 길이란다. 많은 사람이 좁은 길을 버리고 대부분 이 길을 택하지."

천사와 함께 길을 가다 보니 화살표가 나타났다. 이정표인 것 같았다. 옆으로 큰 기와집이 보였는데 천사가 들어가자고 했다.

기와집 문을 열자 큰 창문이 나왔다.

험산준령 좁은 길을 가는 사람들

"저 창문 너머 산을 쳐다보아라."

"예"

나는 천사가 가리키는 창밖을 보았다.

"무엇이 보이느냐?"

"높고 험한 산이 보이고, 꼬불꼬불한 좁은 길 사이로 흰옷을 입은 사람들이 찬양하며 가는 모습이 보입니다."

천사의 질문에 이렇게 대답했다.

"그래 맞다. 저들은 예수 복음을 위하여 희생한 자들로 다른 세상 사람들처럼 자신들의 행복과 안일을 위해 살아가지 않았다. 예수님을 위한 길이라면 자신의 목숨까지 내놓은 자들이었지. 지금 저들은 산골짝 외길의 가파른 고개를 오르고 있지만 고갯마루에 올라서면 예수님께서 그들을 맞아주실 것이다. 너도 그런 성도 중 한 사람이 된 것을 진심으로 축하한다.”

“아닙니다. 모든 것이 주님의 은혜입니다. 주님이 나를 부르시지 않았으면 제가 어찌 좁은 길을 가는 성도가 되었겠습니까?”

“네 말이 맞다. 저들의 찬양 소리가 들리느냐?”

“들립니다.”

“그럼 너도 한 번 불러 보거라.”

“예.”

나는 고개를 넘어가는 성도들의 찬양을 따라 부르기 시작했다.

태산을 넘어 험곡에 가도 빛 가운데로 걸어가면
주께서 항상 지키시기로 약속한 말씀 변치 않네
하늘의 영광 하늘의 영광 나의 맘속에 차고도 넘쳐
할렐루야를 힘차게 불러 영원히 주를 찬양하리
「태산을 넘어 험곡에 가도」
—찬송가 가사

나는 깊이 감격했다. 지금까지 나는 세상 사람들의 말처럼 예수를 믿고 집안이 쫄딱 망한 사람인 줄 알았다. 비록 예수를 믿었지만 집안의 환난으로 숨 한 번 제대로 쉬지 못하고 살아왔다. 그런데 예수님 때문에 영원한 삶을 누릴 수 있으니 얼마나 감사한 일인가?

나는 찬송가를 부르며 험산 준령을 넘는 성도들을 바라보면서 이런 결심을 했다.

"하나님! 나를 구원해 주신 하나님! 내 생명 다하도록 좁은 산 길을 걸으며 찬양하는 성도들처럼 살게 해 주십시오. 내 마음 변치 않게 하시고, 신앙의 넓은 길을 가지 않게 하시고, 끝내는 좁은 길 가다가 주님 나라에 가게 하소서."

이 고백처럼 살기 위하여, 오늘도 나는 주님 앞에서 몸부림치고 있다.

> 내 주를 가까이 하게 함은 십자가 짐 같은 고생이나
> 내 일생 소원은 늘 찬송하면서 주께 더 나가기 원합니다
> 「내 주를 가까이 하게 함은」
> —찬송가 가사

그리고 천사와 함께 그 집을 나왔는데 순간 천사는 온데간데 없이 사라졌다. 나는 밀려드는 인파에 어디론가 떠밀려 가고 있었다.

다시 마귀의 심판을 받게 된 김상호

12

두려움이 밀려왔다.

'나와 함께한다던 그 천사는 어디로 갔나? 지금 이 사람들과 함께 떠밀려 가면 어디서 찾을 수 있다는 말인가?' 이런 생각도 잠시뿐, 이내 눈앞에 아수라장 같은 광경이 펼쳐졌다. 아우성치는 비명소리, 활활 타오르는 뜨거운 불꽃들, 숨 막히게 하는 유독성 가스들….

그런데 아까 만났던 마귀와 비슷한 마귀들이 이번에는 책상마다 세 마리씩 붙어 지옥에 갈 사람들을 심사하고 있었다. 이 마귀들의 옷의 특징은 새카만 가죽 팬티였는데 얼마나 오랫동안 입었는지 반질반질 윤이 났다. 나는 숨어서 사람들의 심판 광경을 볼 수 있었다.

삼손보다 더 힘이 센 마귀들

마귀가 사람들을 책상 앞에 불러놓고 이승에서 살던 집 주소와 했던 일을 점검한 후 열 명씩 줄을 세웠다. 그러더니 서 있던 사람들의 복부를 날렵한 창으로 힘을 다해 찔렀다. 마치 옛날 싸움터에서 장수들이 쓰던 창처럼 생긴 도구였다. 그러자 배가 뚫리면서 붉은 피가 사람들의 얼굴과 책상, 바닥에 튀었다.

창끝에 매달린 사람들은 그 고통이 얼마나 심했는지 온몸을 비틀고 손을 흔들며 살려달라고 애원했다. 창을 든 마귀의 힘은 삼손보다 더 센 것 같았다. 창을 들고 한 바퀴 원을 돌리자 창에 꽂혀있던 사람들이 공원에 있는 놀이기구가 빙빙 돌아가는 것처럼 돌아가는 것이 아닌가?

세상에서는 사람들이 놀이기구를 타며 즐긴다. 그러나 이곳에는 마귀가 사람들을 놀이기구처럼 갖고 놀고 있었다. 이 모습은 나만 혼자 숨어서 보는 것이 아니었다. 포승줄에 묶여 대기 중이던 사람들이 사색이 되어 부들부들 떨며 도망갈 기회를 찾는 듯했다. 그러나 도망칠 곳은 어디에도 없었다.

마귀 세 놈은 재미난 듯 배가 뚫려 고통당하는 사람들을 향해 이렇게 외쳤다.

"세상에 있을 때 네 놈들은 지옥을 부인하고 여름날 더위를 잊으려고 귀신 영화를 보면서 스릴을 느꼈지? 그래 지금 스릴을 느껴봐! 느껴봐! 와하하. 미련한 놈들! 감히 우리를 가지고 놀아?" 마귀들이 분노하며 더 세게 한 바퀴를 돌렸다.

이 지옥에서 구해 주시면 100억 드릴게요

그때 아직 창끝에 찔리지 않은 한 사람이 마귀에게 다가와 말했다.

"제 재산이 100억 있습니다."

“그래서?”

“저를 이 지옥에서 구원해 주시면 그 돈을 다 드리겠습니다.”

“아니 이놈 봐라, 너는 이미 죽어서 이곳에 왔고 그 돈은 아무 소용이 없어. 어디 이 세상에서 하던 짓거리를 이곳까지 와서 하려고 해!”

“저는 구원받을 수 없는 건가요?”

“그럼, 이제는 소용이 없어. 네 스스로가 선택한 길이야. 우리를 원망 말라고.”

그러자 그 사람은 한 가닥 희망도 없다는 것을 알고 제자리에 돌아와 창끝에 꽂힐 순간만 기다렸다. 이제 창으로 원을 돌리던 마귀가 재미없어졌는지 창에 꽂혀있는 사람을 벼랑 아래 끝없이 타오르는 지옥 불을 향하여 던졌다. 마치 올림픽 창 던지기 선수 같았다.

이 모습을 지켜보던 대기자들은 오줌을 질금질금 싸고 있다는 사실도 잊은 채 앞으로 닥칠 환난에 벌벌 떨었다. 숨어서 이 광경을 지켜보던 나는 순간적으로 “악!”하고 비명을 지르고 말았다.

내 실수였다. 그 소리를 들은 마귀들이 쏜살같이 달려왔다. 나를 포승줄로 꽁꽁 묶더니 책상 앞으로 끌고 왔다.

“이놈 봐라, 데리고 온 자도 없는데 어떻게 여기를 혼자 들어왔느냐? 아주 수상한 놈이군.”

그들은 내 주소를 확인했다. 그러나 지옥 나라 책에는 내 이름이 없었다. 혹시라도 풀어 줄까 하는 기대를 하고 있던 찰

나, 한 마귀가 나를 알아보고 말했다.

"아니, 이놈도 우리 새끼구먼!"

그리고는 나를 지옥불 위의 낭떠러지에 세우는 것이 아닌가? 나는 다시 말할 수 없는 공포와 두려움으로 사시나무 떨듯 떨었다. 나는 발을 헛디뎌 끝도 없이 깊은 지옥불을 향해 빠른 속도로 하강했다. 얼마 후 나는 유황불이 타오르는 곳에 떨어졌다. 지옥 바닥은 온통 불로 이글거렸다. 너무 뜨거워 위를 향해 점프했지만 다시 떨어져 발이 익었다. 익어버린 발바닥에서 살점이 뚝뚝 떨어졌다. 살점이 떨어져 나가도 그런 것은 신경 쓸 겨를이 없이 도망가야 했다. 하지만 그 어디에도 피할 데는 보이지 않았다. 주변은 캄캄했고 아이, 어른 할 것 없이 비명소리만 가득했다.

상처에 소금을 치는 듯한 영원한 고통의 나라

나는 언뜻 숨을 곳이 있을 것 같아 젖 먹던 힘을 다해 도망가는데 어디서 나타났는지 시퍼런 유황불이 날아왔다. 나를 한참 태운 유황불은 다른 사람을 태웠고 또 다른 사람을 태운 뒤 다시 내게로 다가왔다. 밑은 불 바닥이고 공중에는 유황불이 사람들을 태우며 다녔다. 그렇다고 죽으려 해도 죽을 수가 없었다. 영원히 상처에 소금을 치는 듯한 고통만 있는 곳이었다.

거기에서는 구더기도 죽지 않고 불도 꺼지지 아니하느니라 나는 정신이 나간 상태에서 이리 뛰고 저리 뛰었다. 사람들이 도망가는 곳으로 함께 뛰다가 불기둥이 날아오면 다시 혼자 도망가곤 했다. 그 와중에 잠시 이런 생각이 들었다.

우리 여섯 아이를 예수를 위해 바쳤는데 이 꼴이 무엇인가? 천국에 가 있어야 할 내가 불신자들이 오는 지옥에 오다니? 무엇인가 잘못된 것이 있다고 생각한 나는 목청이 터져라 기도했다(욘2:1-2).

"하나님! 저에게 한 번만 기회를 주십시오. 저를 한 번만 살려 주세요."

지옥의 고통 속에서 부르짖는 나의 기도는 애절하고 처절했다.

그런데 이게 웬일인가? 아까 나와 동행하던 천사의 음성이 들렸다. 너무 고통스러워 안내하던 천사의 존재조차 까맣게 잊은 것이다. 나는 너무 반가워 소리쳤다.

"천사님! 어디 계세요?"

그러자 천사의 음성이 들렸다.

"지옥의 뜨거운 고통이 어떠냐? 거기서 살고 싶으냐?"

"아닙니다. 나를 살려주세요."

그러자 천사가 하얀 줄을 내려보냈다. 나는 그것이 구원의

줄인 줄 알고 내 손이 닿는 데까지 내려오기를 기다렸다. 그런
데 어디서 몰려들었는지 수십 명의 사람이 서로 그 줄을 붙잡
고 올라가려고 혈안이 되었다. 줄이 점점 내려와 손에 닿을 정
도가 되자 수많은 사람이 그 줄을 붙잡았다.

흰 줄에 매달린 사람들

13

　　마치 서커스 줄에 매달린 원숭이들 같았다. 줄에 매달려 저마다 살겠다고 아우성치는, 바로 사람 원숭이였다.

　　나를 비롯해 수십 명은 흰 줄을 붙잡고 지옥의 불길을 피하고자 했다. 지옥의 고통을 면하고자 줄에 매달려 있으니 참으로 가관이었다. 줄을 붙잡은 사람 중에는 줄이 미끄러워 스르르 지옥불로 떨어지기도 했고, 미끄러지다가 다른 사람의 엉덩이를 붙잡는 사람도 있었다. 그러면 그는 엉덩이 붙잡은 사람을 발길질로 걸어찼다. 하지만 그런 광경도 잠시뿐이었다.

깡통을 차고 빌어먹어도

　　흰 줄을 붙잡고 있던 천사가 나만 남겨두고 모두 지옥으로 떨어뜨렸다. 지옥에서 탈출한 나는 힘이 쭉 빠져 천사 옆에 누워있었다. 천사가 웃으면서 이렇게 말했다.

　　"그 고통이 어떠하냐? 또 그곳에 들어갈 생각이 있느냐?"

　　나는 재빨리 분명한 어조로 대답했다.

　　"깡통을 차고 빌어먹어도 지옥만은 안 가렵니다."

　　"그래, 그 마음 변치 마라."

　　천사가 지쳐 있는 나에게 생명 과일을 먹여 주었다. 그러자 온 몸에 생기가 돌면서 살 것 같았다.

또 그가 수정같이 맑은 생명수의 강을 내게 보이니
하나님과 및 어린 양의 보좌로부터 나와서 길 가운데로
흐르더라 강 좌우에 생명 나무가 있어
열두 가지 열매를 맺되 달마다 그 열매를 맺고 그 나무
잎사귀들은 만국을 치료하기 위하여 있더라

—계 22:1-2

유황불 속에서 만난 아버지

14

 천사가 말했다.

"이제는 본격적으로 지옥을 방문하도록 하자."

그 말에 나는 소스라쳤다.

"안 됩니다. 나는 더 이상 지옥에는 안 갑니다."

천사가 부드럽게 미소를 지었다.

"이제부터는 방문자로서 지옥의 고통을 느끼지 않고, 지옥의 상황만 보게 될 것이다. 그러니 두려워하지 말라."

나는 안도의 한숨을 쉬었다. 무서운 지옥에 다시 간다는 말은 썩 내키지 않았지만 그렇다고 천사의 말을 거절하기 어려웠다.

어떤 면에서는 신앙생활에 큰 유익이 될 거 같아, 순종하기로 마음먹었다.

내가 천사의 손을 잡고 걸어가는데 건물에 불이 났을 때 나오는 매운 유독가스가 코끝을 자극했다. 일 분도 안 되었는데 목이 막혀 버릴 것 같았다. 어디쯤 왔을까? 내가 생각해도 한참 들어온 것 같은데 천사는 멈추지 않았다.

"천사님, 지금 어디로 가고 있나요?"

"가 보면 안다."

"어디를 가 보면 안다는 것인지요?"

"지금은 말할 수 없다."

"그래도 알려주시면 안 될까요?"

"나도 마음이 아파 차마 입을 못 열겠구나."

나는 더욱 조바심이 났다. 천사가 왜 확실하게 알려주지 않는지 궁금했다. 손으로 코를 막고 걸어가고 있는데 천사가 유황불이 활활 타오르는 어느 곳에서 발걸음을 멈췄다.

나는 깜짝 놀랐다.

"천사님! 여기는 왜 왔는지요?"

"조금 후면 알게 된다."

형제들 전도해서 지옥에 오지 않게 하라

이윽고 천사가 유황불을 관리하며 사람을 태우는 마귀에게 뭐라고 말하는 것 같았다. 그러자 불에 타서 온몸이 개처럼 그을린 노인이 기어 나왔다. 어디서 본 듯한데 금방 생각이 나지 않았다. 힘없이 끌려 나오던 노인이 나를 보자 놀란 표정으로 말했다.

"상호야! 어찌 된 일이냐?"

"아, 아버님이세요?"

"그래, 너도 죽어서 지옥에 온 게냐?"

"아닙니다. 죽어서 온 것이 아닙니다. 방문자로 왔습니다."

내 눈에 걷잡을 수 없이 눈물이 쏟아졌다. 너무 안타까웠다. 눈물이 목으로 넘어가 견딜 수 없었다. 아버님이 좀 더 오래

사셨으면 전도하여 구원받게 했을 텐데 이제는 어찌할 수 없었다.

아버지의 몰골을 보니 사람의 모습이 아니었다. 온몸이 유황불에 그을렸고, 마귀 채찍을 맞아 살점은 다 떨어져 나가 흉측하기 이를 데 없었다. 그때 아버지가 죽을 힘을 다해 이렇게 말했다.

"상호야, 내 아들아!"

"네, 아버지."

"이곳은 사람이 살 데가 못 되는 곳이다. 너는 나중에 이곳에 오면 안 된다."

"네."

"세상에 나가거든 남은 형제들에게 우상이고 뭐고 다 버리고 하나님 앞에 가라고 해. 네가 세상에 나가거든 형제들을 꼭 전도해야 한다."

"네, 아버지."

나는 울면서 아버지를 부둥켜안았다. 나만 운 것이 아니라 아버지도 통곡했다. 남북 이산가족 만남에서 이렇게 통곡했다면 얼마나 좋을까? 우리는 자신도 구원받아 지옥과는 상관없어야 하지만 지옥에서 만날 사람이 있어도 안 된다. 일가친지를 비롯해 주변에 열심히 전도해서 회개하고 믿음으로 구원받도록 이끌어야 한다.

면회 시간이 끝나고 아버지는 힘없는 발걸음으로 마귀에게

끌려 나갔다. 뒤돌아보는 아버지의 얼굴을 보니 가슴이 천근
만근 무거웠다. 그때 나는 결심을 하고 또 결심했다. 가족 전
도를 위해서라면 내 목숨을 담보로 해서라도 구원시키리라.

내가 달려갈 길과 주 예수께 받은 사명
곧 하나님의 은혜의 복음을 증언하는 일을 마치려 함에는
나의 생명조차 조금도 귀한 것으로 여기지 아니하노라

—행 20:24

음란죄를 지은 자들이
있는 곳

15

천사가 나에게 저쪽으로 가자고 했다. 천사의 인도를 받아 가고 있는데 먼발치에서 반짝반짝 빛나는 것이 보였다.

"이번에는 어느 곳에 갑니까?"

"음란죄를 지은 사람들이 가는 곳이다."

그 앞에 서자 문이 저절로 열렸다. 천사가 나를 그 안으로 강제로 밀어 넣었다. 방을 보니 바닥은 다른 지옥처럼 불바닥인데 온통 뱀으로 가득했다. 한 종류가 아니라 세상에서 볼 수 없었던 수 천 종류의 뱀이 득실거렸다. 뱀은 보기만 해도 징그러운데 뱀과 함께 지내야 하는 이들의 고통은 이루 말로 할 수 없으리라.

그곳에는 이미 헤아릴 수 없이 많은 남녀가 벌거벗은 채 모여 있었고, 누구라고 말할 것도 없이 모두 뱀에 칭칭 감겨 있었다. 뱀들이 사람의 몸을 조여 오면 그들은 숨이 넘어갈 듯이 소리를 질러댔다.

그런데 자세히 보니 뱀들이 이상한 짓을 하고 있었다. 뱀들은 사람들의 입으로 들어갔다가 귀로 나오고, 콧구멍으로 들어갔다가 입으로 나왔다. 그렇게 구멍만 있으면 들어갔다가 나왔다 하는데 그 고통이 얼마나 심한지 사람들은 거의 초주검 상태였다.

이런 고통과 괴로움이 한두 달로 끝난다면 시간이 해결해 줄 것이다. 그러나 끝나지 않고 영원토록 계속되는 것이니 어찌하면 좋단 말인가? 지금 뱀들의 공격을 받는 음란한 자들도 이미 오래 전에 이곳에 와 지금도 계속 당하고 있으니 말이다.

그 광경을 보고 있는 나에게 갑자기 뱀 한 마리가 다가오더니 내 입으로 쑥 들어왔다. 온몸이 부서지는 느낌과 동시에 뱀이 귀, 코, 할 것 없이 들어갔다 나왔다 했다. 나는 불바닥 위를 뛰면서 큰 소리로 부르짖었다.

"살려주세요! 주님!"

그렇게 힘을 다해 기도했더니 천사의 음성이 들렸다.

"지옥 뱀들의 공격을 받으니 어떠냐?"

"1초도 견딜 수 없습니다."

"그래. 너는 세상에 나가서 이런 죄들을 범하지 마라."

"네. 알겠습니다. 꼭 명심하겠습니다."

그러나 두려워하는 자들과 믿지 아니하는 자들과
흉악한 자들과 살인자들과 음행하는 자들과 점술가들과
우상 숭배자들과 거짓말하는 모든 자들은 불과
유황으로 타는 못에 던져지리니 이것이 둘째 사망이라

—계 21:8

영원토록 먹고 마시는 담배와 술

16

　　　　나는 천사의 손을 붙잡고 어둡고 긴 터널을 지났다.

"여기는 어떤 곳인가요?"

"담배 피우는 것을 특히 좋아하던 사람들이 온 곳이란다."

그 말을 듣는 순간 예수님을 알기 전에 담배를 많이 태운 적이 있기에 움찔했다. 특히 노름할 때 잘 풀리지 않으면 한 대 입에 물고 생각에 잠기곤 했다. 그런데 담배 피우는 곳이 있다니 한편으로는 궁금했지만 담배 불똥이 내게 튀지 않을까 내심 걱정이 되었다. 천사의 소리가 들렸다.

"자, 이 방에 들어가자."

"예."

불붙은 담배가 입 안에 가득

순간 놀라운 광경이 펼쳐졌다. 그곳에도 남녀가 많이 있었다. 다들 담배를 물고 있었는데 내가 볼 때는 우스운 광경이었다. 하지만 그들에게는 견디기 어려운 고통이었다. 자세히 보니 모든 사람의 입에 수십 개의 담배가 물려 있었다. 터질 듯이 입 안에 가득 물고 있는 담배마다 불이 붙어 있었다. 숨을 쉴 때마다 담배가 타올랐고, 사람들은 죽는다고 비명을 질러

댔다.

처음에 이 광경을 우습게 바라보았지만, 곧 남의 일만은 아니라는 생각이 들었다. 그 방 역시 빨갛게 달궈진 불 바닥으로 되어 있었고 사람들은 그 위에서 팔팔 뛰면서 담배 고문을 당하고 있었다.

사람들의 입만 바라보고 있던 나는 또 한 가지 놀라운 사실을 알았다. 담배가 입에만 가득 물려 있는 것이 아니라 콧구멍과 귓 구멍까지 가득 차 있었고 거기에도 불은 붙어 있었다. 지금도 나는 그들이 과연 어디로 숨을 쉴 수 있었는지 궁금하다.

나는 처음 예수를 믿을 때 담배를 피운 죄에 대해 철저히 회개했다. 이곳에서 이런 참혹한 광경을 보니 다시는 어떤 일이 있어도 담배를 피우지 않겠다는 결심을 했다. 그때 천사가 다가왔다.

"세상에 나가거든 담배를 다시 피울 건가?"

"아닙니다. 결코 그런 일은 없을 겁니다."

"그 결심 변치 않도록 해라."

"네. 목숨을 걸고 그런 일은 하지 않겠습니다. 그런데 천사님! 담배 연기와 유황불에서 나오는 가스 냄새 때문에 견딜 수가 없습니다."

"그래, 이제 다른 곳으로 가자."

썩은 술의 강에 빠져 허우적대다

천사를 따라 다른 곳에 도착해 보니 '술 먹는 지옥'이라는 간판이 보였다. 나 역시 술은 자유롭지 못했다. 술을 얼마나 좋아했는지, 술 먹는 재미로 세상을 살아왔다 해도 과언이 아니다.

그 먼 거리에 있는 보은 장에 가서 술 한 말을 등에 지고 올 수 없어도, 마시고 올 수 있던 내가 아니던가?

그런데 지옥에도 술 먹는 곳이 있다니 무슨 말일까? 이런저런 생각에 가득 차 있을 때 천사가 나를 그곳에 밀어 넣었다. 순간 강 속에 빠진 나는 허우적 거렸다. 지옥에는 강이 없다는 이야기를 들었는데 웬 강일까? 아, 그런데 이곳은 우리가 알고 있는 일반적인 강이 아니었다. 무언가 익숙한 향이 코를 찔렀다. 무슨 냄새일까? 나중에 알게 된 사실인데 소주, 막걸리, 맥주, 썩은 구정물을 섞으면 그런 냄새가 난다고 한다. 그것은 지옥 나라의 술이었다.

이 세상의 술은 그래도 각기 특징이 있어 취하는 맛이 있다. 하지만 여기서는 술이 아니라 사람을 죽이는 물에 가까웠다. 썩은 술의 강에 빠져 허우적대던 내 입 속으로 물이 들어왔다. 세상에 이렇게 더럽고 먹기 고통스러운 물이 있을까? 그 술의 강 밑바닥까지 내려갔는데 그곳에는 셀 수 없이 많은 사람이 나처럼 그 썩은 술을 들이키며 죽을 고생을 하고 있었다. 이 정도는 아무것도 아니었다. 잠시 후 어떤 마귀가 나타났다.

천도 끓는 썩은 술에 온몸이 익어버리고

"네 이놈들! 세상에서 술을 좋아하던 놈들아, 좀 쉬었느냐? 여태까지 쉬었으니 이제 새로 시작해 볼까?"

나는 마귀의 말을 이해할 수 없었다. '우리가 쉬기는 언제 쉬었나?' 혼자 중얼거리며 허우적대는데 물이 갑자기 뜨거워졌다. 또 다시 마귀의 목소리가 들렸다.

"으하하, 지옥의 술 온도를 천도까지 올렸지."

그렇지 않아도 숨을 쉴 수가 없는데, 온도를 천도까지 올리면 어떻게 하나, 세상에서는 백도만 되어도 물이 끓고 그 속에 들어가면 죽음을 면치 못할 텐데, 천도라면 어떻게 살 수 있을까? 그런데 이상한 것은 뜨거운 고통은 있지만 지옥에서는 죽음이 없다는 사실이다. 나를 비롯하여 술을 좋아하던 사람들이 썩은 술 물을 들이키는 순간, 온몸이 다 익어버렸다.

고통의 강도(强度)는 점점 더 거세졌다. 조금 후에 어떤 마귀가 나타나 전봇대로 술의 강을 휘저었다. 맨 밑바닥에 있는 사람은 위로 올라오고, 위에 있던 사람은 아래로 내려갔다. 그리고 술 찌꺼기를 다시 풀어헤쳤다. 세상에서 이런 고통은 찾아볼 수 없을 것이다.

하나님은 심은 대로 갚아주신다고 했는데 술을 좋아하던 나에게 확실한 경험을 하게 하셨다.

세상에서 술을 좋아하는 사람들은 이곳에 와서도 마음껏 마시게 될 것이다. 술을 즐기는 사람들이 농담 삼아 '술독에 빠져 죽었으면 좋겠다'고 하는 말을 여러 번 들은 적이 있다. 정말 무서운 말이다. 그런 술에 취하지 말고 성령의 새 술에 취해야 한다(행 2:13).

나는 정신을 차리고 말했다.

"천사님, 살려주세요!."

마지막 힘을 다해 소리 지르자 어떤 흰 손 하나가 나타나 나를 확 낚아챘다. 나는 구정물 속에서 간신히 빠져나올 수 있었다. 천사가 나를 보면서 "너 예전에 술을 좋아했지?" 물었다.

"네."

"그래서 이번에 확실히 체험하게 한 것이다."

"예, 알겠습니다."

"김상호!"

"네."

"너 다시 한 잔 할래?"

"아닙니다."

"정말?"

"네, 예수를 믿기 전에는 술을 좋아했지만 이제는 성령의 새 술에 날마다 취할 것입니다."

천사가 나를 점검하는 것 같았기에 심령의 상태를 정확하게 애기했다. 술은 나와 영원히 이별을 했다.

더 많이 즐긴 곳으로

그러던 차에 또 한 사람이 마귀에게 끌려왔다. 무슨 일로 왔는지 궁금해하고 있는데 천사가 말했다.

"저 사람은 세상에 있을 때 술과 담배를 즐긴 사람인데 어느 지옥으로 가야 할 것 같으냐?"

"제가 그것을 어떻게 알겠습니까?"

"그렇지, 조금 있으면 알게 된단다."

천사의 말이 끝나자마자 어떤 마귀가 저울을 가지고 왔다. 언뜻 보아도 보통 저울이 아닌 것이 분명했다. 목욕탕 저울보다 커보였는데 얼마나 많은 사람이 이 저울을 사용했는지 낡아 삐거덕 삐거덕 소리가 났다. 비록 낡았지만 인류가 지옥에 온 후로 현재까지 사용하는 단 하나밖에 없는 저울이었다.

그 순간 마귀의 소리가 들렸다.

"이 괘씸한 놈, 술을 더 많이 먹든지 담배를 더 태우든지 하지 왜 이 지옥까지 와서 바쁜 우리를 번거롭게 해!"

그때 끌려온 사람은 초라한 몰골로 두려워 떨며 말했다.

"죄송합니다."

"죄송하다면 다야?"

마귀가 그 사람 옆에 저울을 내려놓았다.

"여기 올라서 봐."

"네."

그 저울은 겉모습과는 달리 그를 정확하게 측정했다. 저울의 바늘이 한참 동안 흔들리더니 술 쪽으로 기울어졌다. 마귀가 기뻐하면서 말했다.

"나도 그럴 줄 알았어. 내 생각이 맞았지. 내가 이 일을 시작한 지 수천 년이 됐으니 저울에 달기 전에도 대충 느낄 수가 있지."

마귀가 혼자 지껄이더니 두려워 떨고 있는 그를 피 묻은 창으로 쿡 찔러 물속으로 밀어 넣었다.

아까 내가 썩은 물속에 있을 때와 다르게 큰 유황불들이 돌아 다니면서 썩은 물을 뒤섞었다. 그곳에 있던 많은 사람이 구원해 달라고 간절히 외쳤지만 아무도 그 소리에 귀를 기울이지 않았다. 살아 있을 때 자신의 영혼의 구원을 위해 부르짖었다면 분명 응답을 받았을 것이다.

내가 환난 중에서 여호와께 아뢰며
나의 하나님께 부르짖었더니
그가 그의 성전에서 내 소리를 들으심이여
그의 앞에서 나의 부르짖음이 그의 귀에 들렸도다

—시 18:6

칼과 작두가 난무하는 곳

17

천사가 나를 데리고 어디론가 가는 중이었다.

"너는 세상에 살 때 도적질한 적이 있느냐?"

내가 부끄러워 대답을 못하고 있는 사이에 어느새 목적지에 도착했다.

정신을 차리고 살펴보니 "도둑놈들이 오는 지옥"이라는 간판 글씨가 보였다. 살벌한 지옥을 방문하느라 쉴 틈이 없었는데 간판을 보니 웃음이 나왔다.

하지만 그 웃음도 잠시였다. 그 감옥 안에 도둑놈들이 가득 차 있었다. 도둑질한 놈들이 저렇게 많을까 생각했지만, 나 또한 자유롭지 못했다.

그 앞에 서자 낡고 묵직한 쇠사슬이 자동으로 발목을 감았다.

나는 그곳으로 끌려 들어갔다. 거기에는 이미 수많은 도둑이 고통당하고 있었다. 모두 하나같이 손을 펴고 엎드려 벌벌 떨었다.

밑바닥은 여느 곳과 마찬가지로 시뻘건 불바닥이었다. 나뿐만 아니라 이들이 떨고 있는 이유는 다른 데 있었다. 세상에서는 볼 수 없는 엄청나게 큰 칼들과 작두가 공중에 매달려 있는 것이 아닌가?

조금 후에 공중에서 큰 칼과 작두가 움직이기 시작했다. 우리가 있는 곳으로 쾌속 열차처럼 질주해 내려오는데 아무도 피할 수가 없었다. 이미 몸이 전혀 움직일 수 없는 상태였다. 그것들이 내려오는 동시에 사람들의 발과 다리, 목이 절단되었다.

너도 도둑질할래?

그 고통은 설명할 길이 없다. 더 이상한 것은 칼과 작두에 팔다리기 잘려 떨어졌다가 다시 붙는다는 사실이다. 공중으로 올라갔던 기구들은 잠시 후 다시 내려오기를 반복했다. 여기는 영원히 사람들의 몸과 다리를 잘랐다 붙였다 하는 곳이었다.

이제 더 이상 견딜 수가 없었다.

"주님, 살려 주세요."

그때 천사가 나를 구원해 주었다. 세상에서는 도둑질이 드러나지 않으면 죄가 아닌 것처럼 보이지만, 그곳에서는 죄가 숨김없이 다 드러났다. 천사가 말했다.

"너도 도둑질할래?"

나는 머리를 살래살래 저었다.

"이제는 깨끗하게 살 것입니다."

나는 다짐하고 또 다짐했다.

도둑질하지 말라 네 이웃에 대하여 거짓 증거하지 말라
네 이웃의 집을 탐내지 말라 네 이웃의 아내나 그의 남종이나
여종이나 그의 소나 그의 나귀나 무릇 네 이웃의 소유를
탐내지 말라

—출 20:15-17

도둑질하는 자는 다시 도둑질하지 말고 돌이켜
가난한 자에게 구제할 수 있도록 자기 손으로 수고
하여 선한 일을 하라

—엡 4:28

불기둥에 묶여 있는 자들

18

천사의 손에 이끌려 다른 곳으로 이동했다. 천사는 이곳이 특별한 곳이라고 했다. 도착해 보니 '주의 종들을 대적하는 자들이 오는 지옥'이라는 간판이 보였다.

나 스스로 느끼기에도 무섭고 긴장감이 감돌았다. 그 안에 들어가 보니 역시 그곳에서도 수많은 사람이 지옥의 형벌을 받고 있었다.

이곳에 있는 사람들은 모두 불기둥에 매여 있었다. 포항제철에서 볼 수 있는 쇠가 굳기 전 시뻘건 불기둥 그 자체였다. 사람들이 불기둥에 묶인 채 온몸이 지글지글 탔다. 몸이 묶여 있었기에 도망갈 수도 없었다. 온몸을 인두로 지지는 듯 살 타는 냄새가 온방에 진동했다. 훗날 동네에서 개 그을린 냄새가 코를 자극할 때마다 그때가 연상되어 깜짝깜짝 놀라곤 했다.

불기둥에 묶여 있는 각 사람마다 마귀가 두 마리씩 달라 붙어 사람의 목을 쓰윽 쓰윽 썰고 있었다. 흥부전에서는 박을 썰었지만, 이곳에서는 마귀 두 마리가 사람의 목을 주거니 받거니 하며 썰고 있었다.

그 모습을 본 나는 겁에 질려서 그 자리에 주저앉고 말았다.

그 순간 어디서 나타났는지 마귀 한 마리가 나를 불기둥으로 끌고 갔다. 강제로 묶은 뒤 톱으로 목을 썰기 시작했다. 그 고통은 말로 표현하기 어려웠다. 그러나 떨어진 목은 조금 후에 다시 붙었다. 마귀 두 마리가 목을 썰면 떨어졌다가 다시 붙었고, 썰면 다시 붙는 일이 반복되었다.

교회와 주의 종을 괴롭힌 자들이 가는 지옥

그중 대장 격인 마귀가 위엄 있는 목소리로 말했다.

"하나님의 교회와 하나님의 종들을 괴롭힌 이놈들은 이 정도로는 어림도 없어. 더 큰 고통을 받아야 돼!"

그러더니 마귀 하나가 계속 톱으로 썰었고, 다른 마귀는 유황불에 달군 쇠꼬챙이로 배를 푹푹 찔러댔다. 배에 구멍이 뚫리자 그 틈으로 창자가 흘러나왔다.

마귀가 한마디 보탰다.

"이런 놈들은 더 고생을 해 봐야 돼!"

"빨리 죽여 주세요!"

"이놈아, 아직도 몰라? 이곳은 영원히 죽음이 없어!"

마귀 하나가 내 배도 쇠꼬챙이로 찌르려고 했다. 나는 있는 힘을 다해 외쳤다.

"하나님! 살려주세요."

천지가 진동하는 비명이었다. 그 순간 천사가 나타나 나를 그곳에서 끄집어냈다.

천사가 심각한 얼굴로 질문했다.

"너는 하나님의 종을 교회 강단에서 끌어낸 적이 있느냐?"

"없습니다. 저는 초신자이기에 그런 일은 생각해 본 적도 없습니다."

"하나님의 종을 주님같이 섬겨야 한다."

"네. 알겠습니다."

"하나님의 종을 괴롭히면 주님을 괴롭히는 것이니라."

"명심하겠습니다."

그 후 나는 이 영적 체험과 하나님의 말씀에 따라 주의 종 섬기기를 주님 섬기듯 하고 있다. 이 마음은 주님께 부름받을 때까지 변함없으리라 생각한다.

너희를 인도하는 자들에게 순종하고 복종하라
그들은 너희 영혼을 위하여 경성하기를 자신들이
청산할 자인 것 같이 하느니라 그들로 하여금 즐거움으로
이것을 하게 하고 근심으로 하게 하지 말라
그렇지 않으면 너희에게 유익이 없느니라

—히 13:17

끓고 있는 가마솥에 있는 부자들

19

이번에 간 곳은 '부자들이 가는 지옥'이었다. 부자가 가는 지옥이라면 '좀 편한 지옥인가?' 하고 생각했다. 세상에서도 특별한 사람은 감옥에 가서도 시설 좋은 곳에서 편하게 지낸다는 말을 얼핏 들은 적이 있었기 때문이다.

하지만 천사의 설명을 들어보니 그런 것 같지는 않았다. 그 지옥 앞에는 두 마리의 마귀가 무전기를 들고 철통같은 경비를 서고 있었다. 그것만 보더라도 이곳은 아무나 들어갈 수 없는 특별 관리 영역이라는 것을 알 수 있었다. 산골 마을에 사는 나는 부자와는 인연이 없기에 혹시 이곳에 들어가지 못하게 막으면 어쩌나 하는 조바심이 났다.

재산 내역이 자동 체크 되는 저울

이런 우려를 뒤로 하고, 나는 천사의 허락하에 그곳에 따라 들어갔다. 그곳에도 특수한 저울이 보였다. 이 저울은 세상에서 살았을 때 세무 조사를 받는 것 같은 용도로 보였다.

여기에는 한 개인이 태어나서 죽을 때까지 모든 재산 내역이 기록되어 있었다. 세상에서 살 때는 세무 공무원을 속일 수 있어도 이곳에서는 다 드러나기에 아무것도 속일 수 없었다.

일단 사람이 그 저울에 올라서기만 하면 자동으로 그의 재산 내역이 체크 된다. 몇천 년째 이 일을 담당한 마귀들은 경험에 의존하지 않고 정확히 측정되는 이 저울을 이용했다.

내가 그곳을 통과하고 있을 때도 한국에서 온 어떤 부자가 저울에 올라가 재산 관련 자료를 뽑는 중이었다. 그를 뒤로하고 안으로 들어가니 과연 보통 지옥이 아니었다. 물이 부글부글 끓는 가마솥 수천 개가 끝없이 펼쳐져 있었다.

그 속에는 뼈만 앙상하게 남은 사람들이 살아있는 채로 탕 속에서 끓고 있었다. 지금은 저렇게 뼈만 남았지만, 한때 저들은 각 나라에서 위엄을 떨치던 부자였다. 늘 고단백 음식과 각종 장수 식품을 복용하여 얼굴에는 건강미가 넘쳤고, 부자의 상징이 된 것처럼 불어난 아랫배를 흐뭇하게 바라보던 자들이었다.

그들이 내세가 있는 줄 알았다면 자신만을 위하여 살지 않고 그리스도와 어려운 사람들을 위하여 투자했을 것이다. 애석하게도 하나님을 믿지 못하고 자신만을 믿다가 죽어 부자들이 오는 지옥에 오게 된 것이다.

—막 10:25

구원 받아 천국에 가는 부자가 되려면

나는 부자가 안 된 것을 진심으로 감사드렸다. 부자는 천국에 가기 어렵다고 예수님께서도 말씀하셨다. 예수님의 산상수훈 말씀처럼 심령이 가난한 자가 천국에 들어갈 수 있지만, 세상을 사랑하며 세상 것으로만 가득 차 있다면 복음이 귀에 들어오지 않는다.

물론 부자라도 심령이 가난하여 예수님을 구주로 영접하고 말씀을 지키고 행하며 살아간다면 천국에 들어갈 수 있다. 그런 사람은 마땅히 재물을 이 땅에 헛되이 쌓아두지 않고 전도하고 선교하며 하나님 나라 확장하는 일에 투자하는 삶을 살 것이다.

마귀가 부자들을 바라보고 분노하며 큰소리로 외쳤다.

"이놈들은 큰돈을 벌어서 남한테는 쓰지 않고 혼자만 처먹은 놈들이야. 남의 피를 빨아먹은 아주 악질 같은 놈들이지."

마귀들이 분이 안 풀렸는지 분주히 끓는 가마솥 사이를 왔다 갔다 했다. 신기한 것은 마귀들도 바른 말을 한다는 것이다.

끓는 가마솥에 손가락 하나만 넣어도

마귀들이 빠르게 가마솥 주변을 돌아다니면서 큰 갈고리로 뼈만 남은 사람들을 확 잡아채더니 100m 밖으로 던졌다. 이 사람이 멀리 날아가다가 바닥에 부딪히면 온몸의 뼈가 다 바스라졌다. 그냥 그렇게 죽음으로 끝나면 좋으련만 조금 후에 뼈가 자동으로 붙었다. 마귀가 쏜살같이 달려와서 그들을 갈고리에 탁 끼웠다. 그리고 각자의 가마솥에 야구공을 던지듯 던지자 끓는 물 속으로 정확히 들어가는 것이 아닌가? 그러면 그 부자들은 죽는다고 비명을 질러 댔다.

그 광경을 보고 있던 나까지 소리를 질렀다.

"악!"

그러자 내 옆에 있던 천사가 말했다.

"그래도 여기까지 왔는데 한번 경험하고 가야지."

나는 무서워 뒷걸음질을 쳤다. 그렇다고 천사의 명령을 계속 거부할 수 없었기에 따르기로 했다.

"제가 어떻게 하면 되나요?"

"끓는 물 속에 손가락 하나만 넣어봐라."

"네."

두려움에 떨며 왼쪽 손가락 하나를 집어넣었는데 "으아악!" 하며 뒤로 나가떨어졌다. 손가락 하나의 고통도 이렇게 견디기 힘든데 온몸이 끓는 가마솥에 빠지면 어떻게 될 것인가? 나는 세상에서 돈 없이 살아왔던 것이 너무도 감사했다.

높은 산이 거친 들이 초막이나 궁궐이나
내 주 예수 모신 곳이 그 어디나 하늘 나라
할렐루야 찬양하세 내 모든 죄 사함 받고
주 예수와 동행하니 그 어디나 하늘 나라
—「내 영혼이 은총입어」 찬송가 가사

산해진미 밥상을 보고
달려갔지만

20

그곳에서 목격한 또 하나의 광경이 있었다. 공중에서 밥상이 내려왔다. 그 냄새가 어찌나 구수한지, 음식을 언제 구경했는지도 모를 그곳 사람들에게는 군침이 나올 만했다. 음식을 보니 상당히 종류가 많았고, 보기에도 황홀한 산해진미였다.

그곳에서 흰옷 입은 사람들이 서로 담소하며 즐겁게 식사하고 있었다. 가마솥에 있던 사람들은 이것이 마지막 기회라고 생각하는 듯 밥상 쪽으로 총알같이 뛰어갔다. 그 순간 좀 전까지는 보이지 않던 철조망이 이중, 삼중으로 나타나 차단했기에 부자들은 아무리 발버둥쳐도 밥상까지는 갈 수 없었다.

손을 내밀면 음식이 닿을 듯했지만 착각이었다. 이승에서는 돈을 믿고 자존심을 세우며 살아왔다. 하지만 이곳은 자존심이고 뭐고 내세울 것이 없었다.

이때 마귀들이 달려와 철조망에 붙어 있는 부자들을 떼어내려고 창으로 마구 찔렀다.

"너희 같은 새끼들은 세상에서 많이 처먹었으니 이곳에서는 안먹어도 돼! 여기서는 볼 수만 있지 먹을 수는 없어!"

결국 부자들은 음식은 맛도 보지 못한 채 쇠꼬챙이에 찔려 펄펄 끓는 가마솥 속으로 끌려갔다.

돈을 벌면 주님 나라를 위해 쓰리라

그분들은 식사를 다 끝낸 것 같았다. 밥상은 날개 달린 것처럼 하늘로 올라갔다. 아, 이렇게 허무할 수 있는가? 맛있는 냄새가 나는 산해진미가 눈앞에 있어도 아무것도 할 수 없는 자신을 발견하고 그곳의 부자들은 얼마나 허탈했을까?

이 땅에서 살다가 죽음을 맞이하게 되면 구원받은 자는 천국에, 구원받지 못한 자는 지옥에 들어간다. 그러면 일단 모든 것이 끝난 것과 다름없기에 세상에서 살아가는 동안 정말 시간을 아껴서 전도하며 주의 일을 해야겠다고 몇 번이나 다짐했다.

돈을 벌면 나를 위해 쓰지 않고 주를 위해서 그리고 어려운 이웃을 위해 써야겠다고 두 주먹을 불끈 쥐며 그 공간을 빠져나왔다.

불기둥에 매달려 있는 사람들

21

　　나는 천사의 손에 이끌려 또 다른 지옥을 방문하려고 걷고 있었다.

　"이번에는 어디로 가는지 너는 알고 있느냐?"

　"제가 어떻게 알겠습니까?"

　"그래, 이번에는 세상에서 자살한 자들이 모여 고통을 당하는 곳이다."

　"그곳은 더 무서울 것 같아요."

　"그렇지, 하나님이 주신 자신의 생명을 스스로 버린 사람들에게 용서란 없다."

　그 말을 듣고 있던 나는 오금이 저려 왔다. 자살이라면 동네 사람 중에 산에서 목을 맨 사람도 있다. 사업이나 연애 실패, 신변비관 등으로 자살하는 사람이 생각보다 많이 있다.

　천사와 함께 어느 산 중턱에 도달하자 도저히 눈을 뜨고는 볼 수 없는 광경이 나타났다. 거기에는 나무 팻말에 '자살자가 오는 지옥'이라는 큰 글씨가 보였다. 다들 불기둥에 매달려 있는데 '혀'가 길게 늘어져 있었다. 그들은 세상에서 죽었지만 이곳에서는 살아 있었다.

그런데 가만히 보니 낯익은 사람이 많이 있었다. 언론을 통해 알고 있던 사람도 있었고, 나와 가까운 사람들도 매달려 있었다.

각자 분야에서 성공한 사람들이 자살해 이런 곳에 매달려 있는 것을 보니 매우 마음이 아팠다. 그런데 그 불기둥에 매달린 숫자가 창세 이후부터 지금까지였으니 도대체 셀 수 없을 정도였다.

후회합니다

마귀의 특별 허락을 받아 어떤 여배우와 대화하게 되었다.

"아니, 세상에 있을 때 그렇게 예쁘고 사람들의 선망이 되었던 분이 어쩐 일로 자살해 보기 흉하게 매달려 있습니까?"

그녀는 호흡하는 것도 힘들어하면서 이렇게 말했다.

"나는 여배우 중에 가장 잘나가던 사람이었습니다. 인기가 떨어지고 사람들이 떠나가자 그 외로움을 견딜 수가 없었습니다.

날마다 술로 지내다가 이렇게 살아가느니 죽는 것이 낫겠다 싶어 밤에 산꼭대기 나무에 목을 매어 죽었습니다."

나는 마음이 아팠다.

"후회하시나요?"

"그럼요. 후회합니다. 죽은 후에 이런 세계가 있는 것을 알았다면 왜 제가 자살했겠습니까? 많은 기독교인이 저에게 예수 믿으라고 권했지만 나는 그들의 삶을 보고 예수를 믿을 수 없었습니다."

나는 귀가 번쩍 띄어 말했다.

"왜요?"

"왜냐구요? 그들은 말과 행동이 일치하지 않았습니다. 여기서는 이렇게 말하고, 돌아서면 다른 말을 하더군요."

"그랬군요."

"그래도 제가 예수를 믿어야 했는데…"

그녀의 말을 듣고 나 자신을 돌아보았다. 나는 예수 믿는 사람으로서 부끄러운 행동을 하지 않았던가? 나의 잘못된 행동 때문에 저 여자처럼 예수를 믿으려다 돌아섰던 사람은 없었을까?

불기둥에 매달려 있는 사람들을 보면서 잠깐이었지만 '나는 의인이고 너는 죄인이다'라는 생각이 스쳐갔다. 하지만 기독교인으로 '나는 한 치의 책임이 없고 저 여인만 죄인인가?'라는 생각이 들었다. 고개를 떨구고 있는데 성경 말씀이 떠올랐다.

누구든지 나를 믿는 이 작은 자 중 하나를 실족하게
하면 차라리 연자 맷돌이 그 목에 달려서 깊은 바다
에 빠뜨려지는 것이 나으니라

—마 18:6

다른 사람을 실족시키면 죽는 것이 더 낫다는 것이다. 이 말씀이 떠오르면서 저 여인의 죽음과 나와는 별개의 문제가 아니라는 생각이 들었다.

그 장로가 돈 떼먹지 않고 정직했다면

목이 매달려 있는 사람 중에 잘 아는 사업가도 보였다.

"세상에서는 돈이면 최고이고, 안 될 것이 없는데 왜 자살했습니까?"

"돈이요? 그렇지요. 돈이면 안 되는 것이 없었지요. 명예도, 지위도, 학위도 살 수 있고 젊은 여자들을 부인으로 만들어 살 수도 있고 …, 돈이면 못할 것이 없는 세상이지요."

"아니, 그런데 무엇이 부족하여 목을 매었습니까?"

"나도 모르겠습니다. 모든 것이 다 갖춰져 있다 보니 목표가 없어졌어요. 한마디로 재미가 없어졌습니다."

"아니! 세상을 재미로 살아갑니까?"

"그럼요. 재미와 흥미로 살아가는데 그것이 없어졌어요."

나는 그에게 하고 싶은 말이 생각나서 그의 말이 끝나기를 기다렸다.

"한 가지 궁금한 게 있습니다. 사업가인 당신이라면 누구보다 상황을 정확하게 판단할 수 있었을 텐데요. 예수쟁이들이 전도하는 말이 있습니다. '예수 믿고 천국 가세요.'라고 전한 사람이 있었을 텐데 죽은 후에 심판이 있다는 사실을 모르셨나요? 나는 학교 문턱도 가보지 못했지만 '예수 믿고 천국 가세요'라는 한마디에 교회에 나가 구원받고 영생을 얻었습니다. 당신 같은 사람이 예수 안 믿은 것이 이해가 안 됩니다.”

“그러게요.”

그의 얼굴은 후회로 가득 찼고 말에 힘이 없었다.

“혹시 당신에게 구원의 손길을 뻗친 사람은 없었습니까?”

“예. 한 사람 있었습니다.”

나는 조바심이 나서 한층 더 가까이 다가갔다.

“그런데요?”

“그 사람은 사업관계로 알게 된 큰 교회 장로인데 내 돈을 떼어먹고 도망갔습니다. 아마 지금도 세상에서 안 갚은 것으로 알고 있습니다. 그가 정직하게 돈거래를 했으면 아마 나는 지금쯤 어느 교회에 열심히 다니는 성도가 되었을지도 모릅니다.”

아, 나는 또 머리가 아프기 시작했다. 불기둥에 목이 매달려 있는 자살자가 결코 나와 무관한 사람들이 아니라는 것이다. 많은 기독교인이 입으로만 회개하면 된다고 착각한다. 주님께 입으로만 용서를 빌면 모든 죄가 용서된다고 입버릇처럼 말한다. 그리고 돈을 빌린 후 잠적해 버리고 빌린 돈을 갚지 않는다.

하나님이 받으시고 용서하시는 회개는

‘하나님, 제가 천만 원을 빌렸는데 혹은 백만 원을 빌렸는데 지금은 못 갚습니다. 그런데 훗날 돈 주시면 갚을게요’ 이렇게 기도를 한다. 돈 갚을 의지는 전혀 없고 그저 말뿐인 기도다.

이것은 성경적인 회개가 아니다.

회개(悔改)는 말 그대로 잘못을 뉘우치고 고친다는 것이다. 뉘우치고 후회하는 것으로 끝나면 회개가 아니다. 잘못된 행위로 상대에게 피해를 끼쳤다면 반드시 그에 대한 피해보상이 따라야 한다. 돈을 갚지 않거나 피해 끼친 것에 대해 합당한 보상을 하지 않은 채 백날천날 형식적으로 기도하는 것은 소용이 없다. 하나님 앞에 용서받을 수 있는 진정한 회개가 아니다.

피해 보상을 해야 하나님께 용서받는 속건제

구약 성경 레위기에는 하나님께 드려야 할 다섯 가지 제사가 나온다. 이 제사법은 희생제물이 되어주신 예수님의 십자가 사역으로 완성해 주셨다. 신약 시대에 이 제사법은 어떻게 바뀌었는가? 우리가 죄 사함을 받고 구원받을 수 있는 길을 열어 놓으신 주님을 예배하며, 말씀대로 살아가는 삶이다. 즉, 로마서 12장 1절 말씀대로 우리 몸을 하나님께서 기뻐하시는 거룩한 산 제물로 드리는 것이다.

구약의 제사법은 신약 시대에 형식은 변하였지만, 그 안에 담긴 정신과 본질은 그대로 변함없이 이어져 적용되고 있다. 그 가운데 '속죄제'는 죄 문제를 해결하기 위해 반드시 드려야 하는 의무 제사이다. 속죄제 안에는 '속건제'가 포함된다.

하나님께나 사람에게 마음으로 범죄하거나 행동으로 죄를

지었을 때는 속죄제를 드렸다.

그런데 어떤 피해를 입혔을 때는 속건제를 드려야 했다. 속건제는 반드시 배상이 따라야 하므로 '배상 제사'라고도 한다.

예를 들면 성전 기물을 실수로 파손했거나 이웃의 물건을 도둑질했을 때 속건제를 드려야 했다. 성물에 해당하는 값뿐 아니라 제사장에게 그 값의 오분의 일을 더해 드렸을 때 하나님께서 속건제를 받으시고 죄를 용서해 주셨다.

물건을 도둑질한 경우에는 물건 값에 오분의 일을 더해 주인에게 돌려주고 숫양을 바쳐 제사를 드려야 용서를 받을 수 있었다(레 5:15-16; 6:1-7). 원금은 당연히 배상하고, 여기에 오분의 일을 더하여 피해자의 마음까지 보상하도록 한 것이다.

성경적인 배상 원리는 소를 훔쳤다면 다섯 배로, 양을 훔쳤다면 네 배로 보상해야 했다.

<blockquote>
사람이 소나 양을 도둑질하여 잡거나 팔면

그는 소 한 마리에 소 다섯 마리로 갚고 양 한

마리에 양 네 마리로 갚을지니라

—출 22:1
</blockquote>

세리장이며 부자였던 삭개오는 예수님을 만났을 때 그동안 자신이 불의한 방법으로 부를 축적했던 것을 회개하였다. 재산의 절반을 가난한 자들에게 주고 백성들을 속여 빼앗은 것

은 네 배로 갚겠다고 고백하였다. 이는 신약 시대에도 배상 원리가 적용되고 있음을 나타낸다. 물론 네 배나 다섯 배까지는 아니더라도 말이다.

우리는 최선을 다해 죄를 멀리해야 한다. 더욱이 하나님 은혜를 알고 체험한 사람이 습관적으로 죄를 계속 짓는다면 주님을 다시 십자가에 못 박아 현저히 욕되게하는 것이며, 영원히 용서받지 못할 사망에 이르는 죄가 된다(히 6:4-6).

우리는 믿음으로 구원받는다. 믿는다는 것은 하나님 말씀을 지키고 순종하는 것이다. 성경에서 믿음은 행함이 동반된 것으로 믿음과 순종은 동전 양면과 같다(약 2:17).

삭개오가 이렇게 말씀에 의거하여 행함으로 회개하자 예수님은 구원을 선포하셨다.

> 예수께서 이르시되 오늘 구원이 이 집에 이르렀으니
> 이 사람도 아브라함의 자손임이로다
>
> —눅 19:9

> 내가 율법이나 선지자를 폐하러 온 줄로 생각하지 말라
> 폐하러 온 것이 아니요 완전하게 하려 함이라
>
> —마 5:17

낙심하지 말고 소리내어 기도하라

셀 수 없이 많은 사람이 불기둥에 매달려 신음하는 모습을 보면서 나는 깊은 상념에 빠져들었다. 그들의 잘못도 상당히 있지만 이 땅에서 살아가고 있는 기독교인들의 잘못도 적지 않았다.

OECD 회원국 중에 매년 한국이 자살률 1위라고 하니 놀라운 일이다. 기독교 인구가 큰 비중을 차지하는 우리나라에 자살자 수가 이렇게 많다는 것은 이상한 일이다. 자살자 중에 기독교인이 포함되어 있다는 사실도 매우 안타깝다.

자살은 절대로 하면 안 된다. 하나님이 주신 생명을 스스로 끊으면 결국은 자기가 가해자가 된다. 남을 죽이면 죽인 자가 죄인인 것처럼 말이다. 이 땅은 잠시 왔다가는 순례자의 길이다. 기대할 것도 믿을 것도 없는 세상이다. 세상에 소망을 두었다가 꿈이 좌절되었다고 낙심하지 말고 영원한 세계를 바라보았으면 좋겠다.

이에 그 거지가 죽어 천사들에게 받들려
아브라함의 품에 들어가고 부자도 죽어 장사 되매
그가 음부에서 고통중에 눈을 들어 멀리 아브라함과
그의 품에 있는 나사로를 보고 불러 이르되
아버지 아브라함이여 나를 긍휼히 여기사 나사로를 보내어
그 손가락 끝에 물을 찍어 내 혀를 서늘하게 하소서
내가 이 불꽃 가운데서 괴로워하나이다

―눅 16:22-25

혹시 이 책을 읽는 독자 중에 낙심하여 생명을 끊고자 하는 분이 있다면 생각 바꾸기를 진정으로 바란다. 성경을 계속 소리 내어 읽으면서 주님께 부르짖어 기도해 보라.

'하나님 살려주세요!'

소리내어 기도하다 보면 하나님께서 새로운 길을 열어주시고 응답해 주실 것이다. 성경을 가까이하면 어떤 환난이라도 이길 수 있다. 인내와 결단이 필요하다.

> 일을 행하시는 여호와, 그것을 만들며 성취하시는 여호와,
> 그의 이름을 여호와라 하는 이가 이와 같이 이르시도다.
> 너는 내게 부르짖으라. 내가 네게 응답하겠고
> 네가 알지 못하는 크고 은밀한 일을 네게 보이리라
>
> —렘 33:2-3

새들에게 파먹혀도 재생되고

창세 이후 지금까지 혀가 빠진 채 매달려 있는 자살자들의 틈 사이를 지나가는데 저쪽 하늘에서 새 떼가 날아왔다. TV에 나오는 동물의 왕국을 보고 있는 느낌이었다. 그 새는 몸집이 까마귀보다 큰데 눈이 날카롭고 무섭고, 발톱은 길게 뻗어 있었다. 독수리처럼 한번 움켜쥐면 절대로 놓지 않을 것처럼 보였다. 주둥아리는 무쇠를 쪼아도 끄떡없을 만큼 단단해 보였다.

처음에는 다른 지역으로 이동하는 새들인 줄 알았는데 그

게 아니었다. 그 많은 새가 자살자들에게 가서 눈을 파먹었다. 한 사람 앞에 새 한 마리씩 붙어 있었다. 새가 눈을 쪼을 때마다 자살자가 눈을 감았지만 소용이 없었다. 새들은 먼저 눈꺼풀을 공격하여 살점을 떼어낸 뒤 힘들이지 않고 눈알을 파 먹었다. 그러면 자살자들의 눈에서 피눈물이 흘렀다.

그것으로 끝나지 않았다. 눈에서 흐르는 피눈물이 고통 속에 몸부림치는 사람들의 땀에 섞여 축 늘어진 혓바닥에 닿으면 새들은 기다렸다는 듯 혓바닥을 쪼아댔고 뜯어 먹었다. 새들은 눈알과 혓바닥을 다 먹어 치우고는 동시에 어디론가 날아갔다.

그 모습을 바라보고 있던 나는 견딜 수 없는 충격에 휩싸였다. 더 놀라운 것은 파 먹혔던 눈알과 혓바닥이 다시 재생되는 것이 아닌가? 또다시 날아올 새들이 동일한 방법으로 파먹을 수 있도록 새로 생겨났다. 정말 이런 지옥은 다시 보고 싶지 않았다.

"하나님! 내 기도를 받아 주소서! 내 영혼이 너무 고통스러워 견딜 수가 없습니다. 이제 더는 지옥을 보고 싶지 않습니다. 여기까지 경험한 것만으로도 충분합니다. 이제는 이 고통의 세계가 보이지 않게 하소서."

이렇게 간절한 기도가 끝나자 여태까지 나를 안내했던 천사가 나타났다.

"고생 많았다."

"아닙니다."

"이런 경험이 있어야 다시는 오지 않으려고 할 것이 아니냐? 이제부터는 네가 말로만 듣던 천국을 보게 될 것이다."

"예."

귀가 번쩍 뜨였다. 천국은 주님이 계신 나라가 아닌가? 그리고 눈에 넣어도 아프지 않을 나의 여섯 자녀가 있는 곳이 아닌가? 나는 흥분으로 얼굴이 상기되었다. 혹여 천사에게 이런 마음을 감추려고 했지만 천사는 이미 눈치를 챘는지 씩 웃었다. 어쨌든 천국에 간다는 것만으로도 신이 났다.

천사가 나를 붙잡고 어디론가 갔다. 그런데 가는 길이 낯익은 느낌이 들었다. 처음에 나타났던 그 기와집이었다. 기와집 창문 너머로 흰옷을 입은 사람들이 찬송가를 부르며 힘들게 태산준령을 넘어가는 것이 보였다. 그곳으로 다시 간 것이다.

"네 모습을 보아라."

천사가 말했지만 무슨 뜻인지 몰랐다. 내 옷에 무엇이 묻었나 싶어 천사의 말대로 내 모습을 보니 내가 흰옷을 입고 있었다. 매우 궁금했다. 언제 입은 것인지 기억나지 않았다. 분명한 것은 지옥을 다닐 때 입지 않던 옷이었다.

그에게 빛나고 깨끗한 세마포 옷을 입도록 허락하셨으니
이 세마포 옷은 성도들의 옳은 행실이로다 하더라

—계 19:8

흰옷을 입었더니 얼마나 상쾌하고 기분이 좋은지 이런 기분은 처음이었다. 세상에서도 좋은 옷을 입으면 기분이 좋아진다. 그런데 주님께서 하사한 하늘나라의 옷을 입으니 하늘로 날아갈 것 같은 기분이 들었다. 지옥은 옷이 없는 나라요, 천국은 옷이 있는 나라이다. 지옥은 옷 없이 벌거숭이로 다니지만 천국은 옷 없이는 다닐 수 없다.

종들이 길에 나가 악한 자나 선한 자나 만나는 대로
모두 데려오니 혼인 잔치에 손님들이 가득한지라
임금이 손님들을 보러 들어올새 거기서 예복을 입지 않은
한 사람을 보고 이르되 친구여 어찌하여 예복을 입지 않고
여기 들어왔느냐하니 그가 아무 말도 못하거늘
임금이 사환들에게 말하되 그 손발을 묶어 바깥 어두운 데에
내던지라 거기서 슬피 울며 이를 갈게 되리라 하니라

—마 22:10-13

PART 4

빛의 세계

세례 요한의 때부터 지금까지
천국은 침노를 당하나니
침노하는 자는 빼앗느니라

—마 11:12

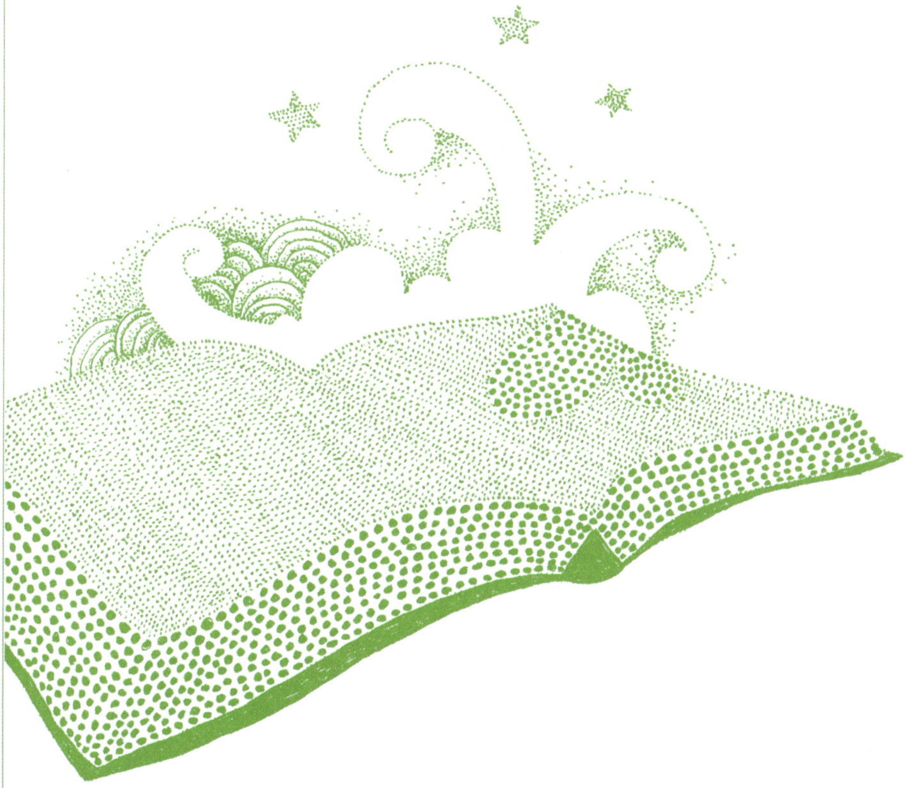

흰옷 입고 태산준령을 넘어가다

22

    나는 세마포 흰옷을 보면서 어린 시절 명절 날에 부모님이 사주신 새 옷을 입고 동네방네 자랑하던 때가 생각났다. '세마포 없이는 하늘나라에 들어갈 수 없다'는 천사의 말에 혹시 옷이 더러워질까 조심스러웠다. 기와집의 다른 문이 천사의 손을 통해 열리자 바로 좁은 길로 연결되어 있었다. 역시 좁은 길로 가는 사람들은 적었다.

—마 7:13-14

구원으로 가는 좁은 길

    나도 좁은 길 가는 사람들과 합세하여 걷기 시작했다. 이 길이 생명의 길인데 사람들은 왜 찾지 못하고 '큰길', '편한 길'만 선호하는지 이해가 되지 않았다. 천사에게 왜 사람들이 이 생명 길을 보지 못하느냐고 질문했다.

    "이 길은 아무에게나 보이는 길이 아닙니다. 또 아무나 찾

을 수 있는 길도 아니지요. 하나님의 뜻과 섭리가 없으면 결단
코 찾을 수 없습니다."

"그럼 제가 스스로 이 좁은 길을 찾은 것이 아니네요?"

"그렇지요. 성도님이 찾은 길이 아닙니다. 성도님의 아버지
도 어머니도 못 찾은 길입니다."

"그렇군요, 저는 어떻게 생명의 길을 찾게 되었나요?"

"전적으로 하나님의 은혜지요. 본인의 힘만으로는 하나님
을 찾을 수도 만날 수도 없습니다. 하나님께서 성도님을 사랑
하셔서 만나주고 축복해주고 좁은 길을 찾게 해 주셨습니다."

'그렇구나, 내 노력만으로 하나님을 찾은 것도 아니고 생명
의 길을 찾는 것도 아니었구나. 정말 하나님의 은혜가 아니었
다면 좀 전에 본 지옥 불바다에 있었겠구나!'

하나님은 천하 만민, 곧 모든 사람이 구원받기를 원하신다
(딤전 2:4).

천국과 지옥을 믿는다면 부르심에 순종하여 날마다 나를
부인하면서 십자가를 지고 좁은 길을 가야하리라(마 16:24).

주변을 둘러보니 구원의 길로 가고 있는 사람들이 땀을 뻘
뻘 흘리면서 돌짝밭 사이를 헤쳐 올라가고 있었다. 무거운 발
걸음을 내딛으며 한 손으로는 땀방울을 훔치면서 가파른 고
개를 향해 올라갔다. 이들은 잠시도 뒤를 돌아보지 않고 앞만
향해 가고 있었다.

주님을 푯대 삼아 좁은 길 가리라

천사가 말을 이어나갔다.

"소돔성에서 롯과 그의 아내 그리고 두 딸이 탈출할 때 '돌아보거나 들에 머무르거나 하지 말고 산으로 도망하라'고 했는데, 롯의 아내는 뒤를 돌아본 고로 소금 기둥이 되었습니다. 바울 사도는 세상에 살 때 오직 앞만 보고 달렸습니다. 그리고 앞에서 힘들게 산을 넘는 사람들도 뒤를 돌아보지 않고 주님을 푯대 삼아 산을 오르는 중입니다."

천사의 말에 나는 두 손을 불끈 쥐었다. 결단코 세상을 돌아보지 아니할 것이요, 주님만을 바라보리라고 다짐하고 또 다짐했다.

—시 121:1-2

나는 땀을 뻘뻘 흘리며 험한 고개를 향해 올라갔다. 산 위에서 간간이 부는 바람 때문에 견딜 수 있었다. 그들은 험산 준령을 넘고 있기에 얼굴에 짜증이 배어 있을 것 같았지만 그와 반대였다.

모두 하나같이 마음 깊은 곳에서 감사가 있었다. 이 감사가 얼굴로 올라오자 해같이 빛났다.

하지만 어떻게 힘든 산을 끝까지 오를 것인지 궁금했다. 그런데 중간쯤에서 어느 성도가 힘들어 쓰러지려고 하자 갑자기 하늘로부터 만나가 내려와 그 입으로 쏙 들어갔다.

그러자 그 성도는 내가 언제 그랬냐는 듯 힘차게 걸으며 다시 전진하는 것이 아닌가? 그때 깊이 깨달았다. 이 험산준령을 나 혼자 애쓰면서 넘어가는 줄 알았는데, 걷는 과정 시작부터 끝까지 모두 하나님의 도우심이었다.

그래서 우리가 항상 기뻐해야 하고, 쉬지 말고 기도해야 하고, 범사에 감사해야 한다는 사실을 다시금 깨닫게 된 것이다 (살전 5:16-18).

산길 양옆에 있던 나무들이 바람에 흔들리며 찬양을 했다. 참 신기했다. 세상에서도 바람이 불면 나뭇가지가 흔들리는

데, 이는 지극히 당연한 자연 현상일 뿐이라고 생각했다.

—시 148:9-13

나뭇가지들이 바람에 흔들리면서 하나님을 찬양하는 것을 보며 이 땅의 모든 만물이 하나님을 찬양하도록 만들어진 것을 알 수 있었다. 산천초목도 주를 찬양하는데 하나님의 형상으로 지음 받은 인간이 하나님을 찬양하지 못하고 세상 것을 찬양하며 숭배하며 살아가는 현실이 너무 안타까웠다.

흰옷 입은 성도들과 같이 힘들게 산 정상에 도착했다. 세상에서 산악인들은 산 정상을 정복하는 뿌듯함으로 등산을 한다고 한다. 나도 보은 가는 길이 너무 멀어 구병산을 넘어갈 때가 있었다. 876m 되는 구병산을 오를 때마다 뭔지 모를 승리감 같은 것이 솟아나곤 했다. 산 정상에 오르니 더욱 시원한 바람이 불었다.

내 영혼을 소생시키시고 자기 이름을 위하여

의의 길로 인도하시는도다

—시 23:3

여호와여 주의 장막에 머무를 자 누구오며 주의 성산에

사는 자 누구오니이까 정직하게 행하며 공의를 실천하며

그의 마음에 진실을 말하며

—시 15:1-2

새 예루살렘 성에 도착한 김상호

23

산 정상에서 건너편을 보니 강렬한 빛이 쏟아지는 황금성이 보였다. 눈을 뜨고 보기 힘들 정도였다. '아니, 깊고도 높은 산 위에 어떻게 저런 성이 있을까?' 어리둥절해하며 손으로 빛을 가리고 바라보았다. 그런데 앞에서 간 성도들이 그 성 쪽으로 가는 것이 아닌가? 순간 안도감이 느껴졌다.

황금성과 내가 서 있는 산 사이에는 긴 다리가 있었고, 그 밑으로 강이 흐르고 있었다. 천사의 말에 의하면 생명수강이라고 했다. 나는 새로운 세계를 향하여 다리를 건너가고 있었다. 두근거리는 가슴으로 흥분한 채 걷고 있었는데 큰 글씨가 보였다.

예수께서 이르시되 내가 곧 길이요 진리요 생명이니 나로 말미암지 않고는 아버지께로 올 자가 없느니라(요 14:6).

오직 예수 그리스도로 구원

'그렇지! 예수님이 바로 우리 인생의 길과 진리와 생명이 되시지. 맞아! 오직 예수님을 통해서만 아버지 나라에 갈 수 있지. 그동안 그리스도를 자처하며 얼마나 많은 거짓 그리스도가 나타났던가?'

나는 이 말씀을 낭송하며 그 긴 다리를 걷고 있었다. 옆에 있던 천사가 재차 강조했다.

"예수님 없이는 하늘나라에 올 수 있는 사람이 없습니다."

천사는 사도행전 4장 12절 말씀도 들려주었다.

"다른 이로서는 구원을 받을 수 없나니 천하 사람 중에 구원을 받을만한 다른 이름을 우리에게 주신 일이 없음이라 하였더라."

나는 천사의 말에 고개를 끄덕이며 "옳은 말씀"이라고 대답했다.

드디어 다리를 건너 웅장하고 찬란한 황금빛으로 빛나는 성 앞에 도착했다. 강렬한 광채 앞에 압도된 나는 정신 차릴 수가 없었다.

"눈이 부시나요?"

"네, 너무 황홀합니다."

"천국은 황금성뿐 아니라 모든 것이 빛이 납니다. 이곳은 빛의 세계지만 태양과 달이 없습니다."

깜짝 놀란 나는 '그러면 밤이 되면 어떻게 다닐 수 있다는 말인가?' 생각이 스쳤다. 내 마음을 알아차린 천사가 웃으며 말했다.

"요한계시록 21장 23절에 '그 성은 해나 달의 비췸이 쓸데없으니 이는 하나님의 영광이 비치고 어린 양이 그 등불이 되심이라' 했습니다."

하나님의 말씀을 들으니 그제야 이해가 되었다. 천국은 어둠이 조금도 없다. 황금 문 앞에 12명의 천사가 문을 지키고 있었다. 천사가 나에게 성문 위를 쳐다보라고 했다. 빛나는 성문 위를 가까스로 올려다보니 이렇게 쓰여 있었다.

'새 예루살렘 성'

얼마나 반가운 이름인가? 찬송가에도 많이 나오고 교회 전도사님 설교 중에도 여러 번 언급되곤 했다.

그 성곽은 벽옥으로 쌓였고
그 성은 정금인데 맑은 유리 같더라

―계 21:18

예루살렘 금성아 복 가득 하도다
내 너를 생각할 때 마음이 기쁘다
비할 데 없는 복과 그 빛난 광채와
나 받을 모든 기쁨 다 측량 못하리

―「예루살렘 금성아」 찬송가 가사

믿음으로 주님을 의지할 때

"손으로 대문을 밀어보세요."

"네."

천사가 말한 대로 힘을 다해 밀었지만 워낙 육중한 문이어서 그런지 꼼짝하지 않았다. 세 번, 네 번 시도해도 움직이지 않았다. 이 문을 통과하지 못하면 모든 것이 끝날 것만 같았다. 두려움 속에 더욱 힘을 다해 밀며 애를 썼지만 허사였다. 갑자기 슬퍼진 나는 그 자리에 주저앉아 울었다. 그때 천사가 다가왔다.

"무엇이 그리 슬퍼 울고 있습니까?"

"이 대문을 열기 위해 갖은 애를 썼지만 꼼짝도 안 합니다."

"이 문은 '믿음의 문'이라고 합니다."

"믿음의 문이요?"

"믿음 있는 사람이 이 문 앞에 서면 자동으로 열립니다. 하지만 믿음 없는 사람이 와서 열려고 하면 아무리 애써도 꼼짝하지 않습니다."

"그럼 지금 이 문이 안 열리는 것은 제가 믿음이 없기 때문이군요?"

"그렇습니다."

"그럼 어떡해야 합니까?"

"성도님이 이 문을 통과할 수 있는 것은 성도님 힘과 공로 갖고는 부족합니다. 오직 예수님의 공로가 있어야만 통과할 수 있습니다."

천사는 계속 말했다.

"성문을 붙잡고 '하나님! 나는 들어갈 힘이 없어요. 문을 열 힘이 없습니다. 주님, 도와주세요'라고 기도해 보세요."

천사의 말대로 나는 간절히 부르짖었다. 기도가 끝나자마자 그 육중한 대문이 스르륵 열렸다.

—엡 2:8

그제야 깨달았다. 나에게 있는 그 믿음이 하나님께로부터 왔다는 사실이다. 주님의 은혜에 더욱 감격했다. 내 앞에 펼쳐진 이 성은 황금빛이 사방으로 발산하였고, 품위와 격조를 아우르는 아름다운 성이었다. 고대 유럽의 성과 비교가 안 되었다.

—계 3:12

—계 21:2

하늘나라에서 다시 만난
여섯 자녀

24

육중한 대문 사이로 빛이 쏟아져 나왔는데 마치 살아 움직이는 듯했다. 얼마나 강렬한지 눈이 멀어버릴 것 같았다.

다메섹 도상에서 바울 사도가 '나는 그 빛의 광채로 말미암아 볼 수 없게 되었으므로 나와 함께 있는 사람들의 손에 끌려 다메섹에 들어갔노라' 했다(행 22:11). 아마 이런 빛이 아니었을까 싶다. 분명한 것은 세상의 빛이 아닌 하늘나라의 빛이었다.

이 빛이 내 눈과 온몸에 닿자 새 힘이 오는 것을 느꼈다. 조금 걷다 보니 아까 흰옷 입은 성도들이 먼저 와 있었다. 그곳에 수많은 인파가 북적였다. 전 세계에서 구원받은 사람들인 것 같았다.

"김상호 성도님, 새 예루살렘 성 입성을 환영합니다!"

수십만 명 흰옷 입은 사람들의 환영 소리에 어안이 벙벙했다.

산골 마을에서 그것도 평신도에 불과한 내 이름을 어떻게 기억하는 것일까? 내가 한 일이 무엇이 있다고 이렇게 환영한다는 말인가. 내 자신을 돌아보니 주님 앞에 한 일이 없었다.

죄송한 마음으로 머리 숙이고 있는데 누군가 앞으로 뛰어오는 것이 보였다.

한 명도 아니고 여섯 명인데 어디서 많이 본 듯했다.

"아니 저 애들이 누구인가? 나의 자녀들 아닌가?"

꿈에도 잊지 못할 내 아이들이 나를 먼저 발견하고 동시에 뛰어온 것이다. 이 기쁨을 무엇으로 형용할 수 있다는 말인가? 아마 죽었다 깨어나도 이런 기쁨은 다시없을 것이다.

나의 자녀들은 맑은 유리 같은 정금 길을 뛰어왔다(계 21:21).

"아버지!"

"그래!"

큰딸이 내게 안겼고, 차례로 막내까지 안겼다. 아무리 울음을 멈추려고 해도 그치지 않았다. 이들이 한 명씩 내 곁을 떠날 때마다 얼마나 많은 애통의 눈물을 흘렸던가? 그러나 지금은 기쁨의 눈물이었다.

> 모든 눈물을 그 눈에서 닦아주시니 다시는 사망이 없고
> 애통하는 것이나 곡하는 것이나 아픈 것이 다시 있지
> 아니하리니 처음 것들이 다 지나갔음이러라
>
> —계 21:4

"아버지! 천국은 눈물도 고통도 슬픔도 없는 참 좋은 나라예요."

“그래, 너희를 보니 얼마나 기쁜지 모르겠다.”

그제야 늘 마음에 자리 잡고 있던 죽은 자식에 대한 슬픔이 사라졌다.

자녀들과 천사의 손을 잡고 황금길을 걸어가는데 강이 나타났다.

“이 강은 무슨 강입니까?”

천사가 친절하게 말했다.

“생명수 강입니다.”

“요한계시록에 기록된 그 유명한 생명수 강이군요(계 22:1).”

천사는 아주 만족한 듯한 표정으로 나를 바라보았다. 우리 성도들도 생명수 강가에 모여 세상에서 힘들었던 일이나 즐거웠던 일 등을 회상하며 담소를 나눌 날이 올 것이다. 그때까지 우리는 선한 싸움을 싸워야 한다.

무릇 시온에서 슬퍼하는 자에게 화관을 주어
그 재를 대신하며 기쁨의 기름으로 그 슬픔을 대신하며
찬송의 옷으로 그 근심을 대신하시고
그들이 의의 나무 곧 여호와께서 심으신 그 영광을
나타낼 자라 일컬음을 받게 하려 하심이라
—사 61:3

생명수 강가에서 과일을
대접받다

25

 **생명나무의 열매와 잎사귀**

강 좌우를 보니 나무가 있었다.

"천사님! 이 나무의 이름이 무엇인지요?"

"생명나무입니다."

"생명나무요?"

"이 나무는 달마다 열두 가지 열매를 맺습니다."

"아, 참으로 신기한 나무군요. 이 열매를 먹어볼 수 있나요?"

"물론입니다."

"한번 먹고 싶어요. 산골짝에 살아서 과일을 많이 먹어보지 못했거든요."

나는 벌써 입맛을 다시고 있었다. 천사가 황금빛 과일을 건네주었다. 생명나무 열매였는데 메론보다 작았고 황금빛을 발산하였다. 내가 먹어보려고 입 안에 넣었더니 스르르 녹았다. 그동안 이렇게 맛있는 과일은 보지도 못했고, 먹어본 적도 없었다. 그 특별한 향과 맛은 형언하기 어려웠다. 한 마디로 환상적이었다. 입 안에서 살살 녹아 온몸이 시원해지면서 아랫배로부터 강력한 기쁨과 웃음, 희열이 동시에 솟구쳐올랐다.

"생명 나무 잎을 먹어 보세요."

천사가 준 잎사귀를 먹자 힘이 왔다.

생명나무의 열매는 내게 기쁨을 안겨주었고, 잎사귀는 새 힘을 더해 주었다.

> 또 그가 수정같이 맑은 생명수의 강을 내게 보이니
> 하나님과 및 어린양의 보좌로부터 나와서
> 길 가운데로 흐르더라 강 좌우에 생명 나무가 있어
> 열두 가지 열매를 맺되 달마다 그 열매를 맺고
> 그 나무 잎사귀들은 만국을 치료하기 위하여 있더라
>
> —계 22:1-2

그때 아기 천사가 무언가를 담은 황금 대접을 가져왔다.

"한번 마셔볼래요?"

나는 고개를 끄덕이며 단숨에 들이켰다. 아니 이렇게 시원할 수 있을까? 세상에서 당하던 시련과 고통이 물 한 사발에 전부 해소되는 느낌이었다. 안내하던 천사에게 어떤 물인데 이렇게 시원할 수가 있느냐고 물었다.

"이 물은 생명수입니다."

"그랬군요. 그래서 새 힘이 솟아났군요?"

"그렇습니다."

이때 큰딸이 말했다.

"아버지, 우리 같이 살아요! 이렇게 좋은 나라가 없어요. 여기서는 먹지 않아도 배가 안 고프고, 아픔도 없고 이별도 없어요. 이곳에서 아버지와 함께 살고 싶어요."

우리는 손에 손을 잡고 생명수 강가를 따라가고 있었다.

흰옷 입은 천사들이 포도 비슷한 과일을 대접에 담아 내 입에 넣어주었다. 얼마나 달고 시원한지 몸의 피로가 다 사라졌다.

세상에서 과일은 먹으면 배가 부르지만 천국의 과일은 배가 부르지 않는 것이 특징이다. 세상에서는 배가 고파 먹지만 이곳은 오직 즐거움을 위해서 먹는다.

예수님 앞에 서다

26

그때 흰옷을 입은 열두 명의 천사가 나타나 나를 주님 앞으로 인도했다. 세상에 살 때 그렇게도 예수님 뵙기를 소망했는데 이제야 뵐 수 있게 된 것이다. 주님은 어떤 모습일까? 주님 보좌에 다가갈수록 어린아이처럼 가슴이 콩당콩당 뛰기 시작했다.

얼마쯤 걸었을까? 다들 멈춰 선 것을 보니 거의 도착한 것 같았다. 얼핏 높은 보좌가 보였다. 보좌에 앉아계신 주님은 머리에 황금 면류관을 쓰셨고, 땅에 끌리는 긴 옷을 입으셨다. 황금 보석이 박힌 목걸이와 황금 벨트, 황금 신발을 신으셨다.

주님께 사명을 받다

주님은 빛이 너무 강해 바라보기 힘들었다. 그 앞에서 두려움과 무서움이 엄습해 서 있기조차 힘들었다. 나도 모르게 바닥에 엎드려 고개를 숙였다. 마치 관가에 끌려온 죄인 같았다. 눈에 보이진 않았지만 나를 향해 걸어오는 발자국 소리가 들렸다.

내가 곧 성령에 감동되었더니 보라 하늘에 보좌를 베풀었고 순간 내 어깨를 감싸는 포근함이 느껴졌다. 동시에 아주 부드러운 주님의 음성이 들렸는데, 맑은 샘물이 흐르는 것 같았다.

"고생 많이 했다."

"아닙니다."

너무나 황송했다.

"내가 너를 사랑하노라."

어디서부터 솟아나는지 내 눈에 눈물이 줄줄 흘러내렸다. 주님께서 눈물을 씻어주셨다.

"너희 자녀들을 만나보았느냐?"

"네."

"이렇게 좋은 나라에 살고 있단다. 너의 슬픔은 이제 사라졌다."

"주님! 정말 고맙습니다."

"내가 너를 수십억 많고 많은 사람 중에서 불렀단다. 너를 선택해 나의 자녀가 되게 하였다."(엡 1:4)

"네. 정말 고맙습니다. 이 은혜를 무엇으로 보답해야 하는

지요.”

“세상에 나가거든 땅끝까지 이르러 나의 증인이 되어야 한다. 네 마을에 하나님의 성전을 지어 많은 영혼을 구원하거라.”

“네. 주님, 내 생명 바쳐 주님의 말씀에 순종하겠습니다.”

“꼭 그렇게 하거라.”

주님의 넓은 가슴은 나와 내 여섯 자녀를 한 번에 안아주셨는데 솜사탕같이 달콤하고 포근했다.

“네 자녀들과 하늘나라를 잘 구경하고 내려가거라.”

“네.”

나는 주님께 정중히 인사를 드리고 밖으로 나왔다.

기둥만 박힌 하늘나라 나의 집

27

 천사가 입을 열었다.

"성도님, 지금 특별히 가고 싶은 곳이 있습니까?"

"제가 뭘 알아야 말씀을 드릴 수 있지요. 천국은 처음 방문한터라 잘 몰라서요."

"김상호 성도님의 집을 방문하는 것이 어때요?"

순간 멈칫했다. 천국에 있는 나의 집이라니, 공생애 사역 기간에 예수님이 하셨던 말씀이 아닌가?

너희는 마음에 근심하지 말라 하나님을 믿으니
또 나를 믿으라 내 아버지 집에 거할 곳이 많도다
그렇지 않으면 너희에게 일렀으리라 내가 너희를 위하여
거처를 예비하러 가노니 가서 너희를 위하여 거처를 예비하면
내가 다시 와서 너희를 내게로 영접하여
나 있는 곳에 너희도 있게 하리라

—요 14:1-3

나는 나의 집을 상상하면서 걸었다.

"집이 어떻게 생겼나 궁금하세요?"

“예.”

“이제 다 왔습니다.”

천사의 말이 떨어지자마자 내 앞에 집이 펼쳐졌는데 너무나 실망스러웠다. 근사한 집이 아니라 집 터에 기둥 네 개만 세워져 있었다.

“어떻게 하면 집을 지을 수가 있나요?”

“세상에서 열심히 전도하고, 봉사하고, 헌금하고, 십일조하고, 구제하고, 선교하면 재료가 올라와 집이 지어집니다.”

“아, 그렇군요!”

나는 이제 세상에 돌아가면 하나님께 충성하고 열심히 봉사하여 다음에 오게 될 때는 이런 부끄러움을 당하지 않으리라고 굳게 결심했다.

또 누구든지 제자의 이름으로 이 작은 자 중 하나에게
냉수 한 그릇이라도 주는 자는 내가 진실로 너희에게 이르노니
그 사람이 결단코 상을 잃지 아니하리라 하시니라
—마 10:42

너희 소유를 팔아 구제하여 낡아지지 아니하는 배낭을 만들라
곧 하늘에 둔 바 다함이 없는 보물이니 거기는 도둑도 가까이
하는 일이 없고 좀도 먹는 일이 없느니라
—눅 12:33

구멍 뚫린 양말 열 켤레와
쌀가마니 열 장

28

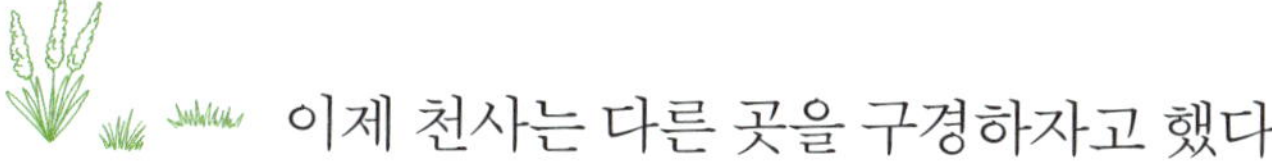이제 천사는 다른 곳을 구경하자고 했다.

"이번에는 어디로 가나요?"

"구제와 선행창고로 갑니다."

"뭐라고요? 그런 곳도 있습니까?"

"그럼요. 천국은 빈틈이 없는 나라입니다."

나의 구제와 선행창고 옆을 지나 가는데, 서울의 어느 장로님이 죽어 이곳에 온 것을 볼 수 있었다. 그의 창고에 얼마나 가득 찼는지, 이곳에서 그의 일생은 선행과 구제의 모범이 되었다.

이제 나의 창고를 열 차례가 됐다. 창고에 무엇이 있을지 기대하는 마음이 있었다. 문이 스르륵 열렸다. 창고 안을 보니 아무것도 없는 것 같았다. 무언가 잘못 본 것 같아 눈을 다시 한번 비볐다. 자세히 보니 무언가 있는 듯하여 반가웠다.

구멍 뚫린 양말 열 켤레와 쌀가마니 열 장이 있었다. 지금까지 내가 타인을 위해 베풀었던 선행과 구제의 결과였다. 나는 너무나 부끄러워 고개를 들 수 없었다. 양말과 가마니에는 이런 사연이 담겨 있었다.

딸과 함께 교회에 갔는데 옆자리에 있는 성도님 아이가 양말을 신지 못한 모습이 보였다. 당시는 양말도 귀한 시절이었다. 나는 딸의 양말을 벗겨 그 아이에게 주었다.

또 어느 추운 겨울날, 가마니 다섯 장을 지고 집으로 가는 길이었다. 다리 밑에 거지가 벌벌 떨고 있는 것이 보여 가마니 한 장을 던져 주었다. 이것도 구제한 것으로 인정받아 천국에서는 가마니 열 장이 쌓여 있었다. 나는 부끄러워 쥐구멍이라도 있으면 들어가고 싶었다.

천사가 말했다.

"이제 양말 한 켤레와 가마니 한 장을 가지고 나를 따라오세요."

"네? 어디를요?"

"갈 데가 있습니다."

나는 양말과 가마니를 들고 부끄러워하며 걸었다. 아뿔사! 여기는 주님 계시는 곳이 아닌가? 부끄러워 어쩌나, 안절부절 못하고 있는데 주님께서 말씀하셨다.

"천국은 예수를 믿음으로 오지만 행함으로 상급을 받는단다. 다음에 내 앞에 설 때는 이런 모습이면 안 된다."

위엄 있는 주님 말씀에 어찌할 줄 모르며 "예"하고 엎드렸다.

"세상에 가면 열심히 충성 봉사하다가 내 앞에 오너라."

"예, 알겠습니다."

마치 전쟁터에 나가기 전 왕 앞에 부복한 장수처럼 나는 주님 앞에서 결의를 다짐했다.

이러한 체험으로 여든이 넘은 지금까지 나는 양복 한 번 사입지 않았다. 주변에서 양복을 사라고 준 돈은 쓰지 않았다. 두루마기나 양복을 입어야 할 행사가 있으면 옷을 빌려 입고 참석했다.

모든 물질은 모아서 양로원과 구제와 봉사와 교회를 건축하는 데 드렸다.

—행 9:36

왕 중의 왕 다윗을 만나다

29

천사와 함께 다른 곳으로 가던 중 큰 과일 밭을 지나게 됐다. 이곳은 과일에서도 빛이 난다. 하늘나라는 빛의 세계다.

다시 밤이 없겠고 등불과 햇빛이 쓸 데 없으니

이는 주 하나님이 그들에게 비취심이라

그들이 세세토록 왕 노릇 하리로다

—계 22:5

과일 밭을 보면서 우리의 조상이 살았던 에덴동산이 생각났다.

천국에 있는 과일 밭을 모델 삼아 에덴동산에 과일을 만들어 주신 것은 아닐까? 혼자 생각하고 있는데 어디서 나타났는지 아기 천사들이 날아와 입에 과일을 넣어주고 갔다. 이 나라는 누가 먼저랄 것도 없이 서로 희생하고 봉사한다. 이름 모를 과일이 입 안에서 녹기 시작해 배까지 내려가자 달콤함과 시원함이 느껴졌고 기쁨이 샘솟았다.

이 땅에서 존재하는 과일이 아니었다. 그동안 볼 수도 없고 먹어보지 못한 과일이었다. 내가 '저 과일이 먹고 싶다' 생각하면 천사가 어떻게 알았는지 그 과일을 따서 입에 넣어주었다. 천국은 말을 하지 않아도 서로의 생각을 알게 되는 세계인 것 같았다.

영광이 넘치는 다윗왕과 초라한 솔로몬

저쪽 앞을 바라보는데 황금 면류관을 쓰고 왕복을 입은 사람이 나타났다. 광채가 너무 강해 쳐다보기 힘들었다.

"누구신가요?"

"나 말이냐?"

"네. 예수님은 아닌 것 같은데요."

"나는 이스라엘 2대 왕 다윗이란다."

"그 유명한 다윗 왕이요? 물맷돌로 골리앗을 쳐 죽인 장수, 그 장수가 맞지요?"

"허허, 그렇다니까."

"그 훌륭한 다윗 왕을 제가 만났군요. 어떻게 이런 일이 …"

"이 모든 것이 주님의 은혜이지. 천국에 입성하게 됨을 진심으로 축하한다."

다윗 왕은 나를 포옹해 주었다. 그러면서 할 말이 있는지 손가락으로 다른 곳을 지시했다. 내가 그쪽을 바라보자 그곳에는 빛바랜 왕복을 입은 초라한 왕이 서 있었다.

"너는 저 왕이 누구인지 아느냐?"

"모르겠습니다. 행색이 너무 초라하고 얼굴도 희미하게 보입니다."

"그렇다면 내 뒤를 이은 왕이라면 누군지 알겠느냐?"

"네. 알지요. 총명하고 지혜롭기로 명성이 자자했던, 그래서 먼 나라에서도 그 지혜를 듣기 위해 찾아왔다는(왕상 4:34) 솔로몬 왕이 아닙니까?"

"그렇다."

"그런데 행색이 왜 저렇게 초라합니까?"

"왕일 때 이미 그 영광을 다 받았기에 하늘에서는 상급이 없고 저 지경이 되었단다."

> 그러므로 내가 네게 지혜와 지식을 주고 부와 재물과
> 영광도 주리니 네 전의 왕들도 이런 일이 없었거니와
> 네 후에도 이런 일이 없으리라 하시니라
>
> —대하 1:12

> 백합화를 생각하여 보라 실도 만들지 않고 짜지도 아니하느니라
> 그러나 내가 너희에게 말하노니 솔로몬의 모든 영광으로도
> 입은 것이 이 꽃 하나만큼 훌륭하지 못하였느니라
>
> —눅 12:27

위에 적혀 있는 두 성경 구절은 비교가 되는 말씀이다. 솔로몬의 지혜와 총명은 그 당시 누구보다 뛰어났고, 부귀영화의 상징이었다. 그런데 그 모든 부귀영화가 백합 한 송이보다 못함은 과연 무엇을 의미하는 것일까? 나는 깊은 생각에 빠졌

다.

천사가 내 어깨를 감싸주면서 말했다.

"김상호 성도님!"

"네."

"세상에 가면 자신을 위하여 일하지 말고 주님을 위하여 열심히 충성을 바쳐 일하다가 이곳에 와서 상급을 많이 받으세요."

"네."

나는 나를 부인하고 십자가를 지고 주님 길을 가리라. 주님이 원하시는 충성을 해서 솔로몬 왕처럼 되지 말자고 다짐하고 또 다짐했다.

사도 바울의 집을 방문하다

30

천사가 나에게 가장 아름다운 집을 소개한다고 했다. 조금은 의아했다. 하늘나라에서는 모든 집이 아름답고 화려한데 가장 아름다운 집이라니 무슨 말일까?

천사와 함께 황금길을 걷고 있는데 저쪽에 어마어마한 황금빛 성이 보였다. 깜짝 놀란 나는 성의 이름이 궁금해졌다.

"천사님, 저 성은 너무 화려하고 아름답습니다. 어떤 곳인가요?"

"저곳은 성이 아닙니다."

"네? 성이 아니라구요? 임금님이 살고 있는 궁궐 같군요."

"눈에는 성으로 보이지만 엄연한 집입니다."

"누가 사는 집인가요?"

"세상에서 집 한 칸, 통장 하나 없이 오직 주님만을 섬기며 독신으로 살았던 사도 바울이 살고 있는 집입니다."

그의 이름을 듣는 순간 나는 눈물이 났다. 로마서 14장 8절에서 바울은 '우리가 살아도 주를 위하여 살고 죽어도 주를 위하여 죽나니 그러므로 사나 죽으나 우리가 주의 것이로다' 하였고 일생 동안 그 말씀대로 살아낸 분이다.

나는 부족하지만 바울의 삶을 닮고자 사모했는데 하늘나라에 와서 그분의 집을 볼 수 있다는 사실만으로 감개무량했다. 사도 바울의 집 앞에 천사와 함께 서자 대문이 스르륵 열렸다.

그 집에는 수천 마리의 아름다운 새가 있었다. 새들의 지저 귐은 말하는 것처럼 들렸다.

"사도 바울의 집에 방문하게 되심을 진심으로 환영합니다."

새들의 환영 소리가 반갑고도 고마웠다. 천국은 새들도 말을 할 수 있다는 사실에 놀라웠다. 정원이 끝없이 펼쳐졌다. 천사를 따라가며 걷고 있는데 분수대가 보였다. 물줄기가 하늘까지 높이 솟았다가 내려올 때 반사된 모습이 한 폭의 그림 같았다.

더욱 놀라운 것은 분수대 아래 물속에서 평화롭게 노닐고 있는 형형색색 물고기들이었다. 넋을 잃고 그 광경을 바라보고 있는데 갑자기 물고기들이 동시에 물 위로 튀어 올랐다.

"사도 바울님의 집에 오심을 환영합니다."

천사를 따라 집 쪽으로 걷고 있는데 황금 탁자가 놓여 있었고 그곳에 어떤 사람이 앉아 있었다. 황금 면류관과 땅에까지 끌리는 긴 옷을 입은 그는 부리부리한 큰 눈을 가졌고, 얼굴은 태양처럼 빛나고 있었다.

나는 천사에게 물었다.

"저분은 누구신가요?"

"이 집의 주인인 바울 선생님이십니다."

나는 반가워서 달려가 그 앞에 엎드렸다. 그분은 나를 어떻게 알았는지 품에 안으며 다독여주셨다.

“얼마나 고생이 많았느냐?”

“아닙니다.”

“나도 세상에 있을 때 많은 어려움과 환난이 있었지. 그래도 주님만 바라보고 잘 견디어 이곳에서 참된 평안과 기쁨을 누리고 있단다.”

유대인들에게 사십에서 하나 감한 매를 다섯 번 맞았으며
세 번 태장으로 맞고 한 번 돌로 맞고 세 번 파선하고 일 주야를
깊은 바다에서 지냈으며 여러 번 여행하면서 강의 위험과
강도의 위험과 동족의 위험과 이방인의 위험과 시내의 위험과
광야의 위험과 바다의 위험과 거짓 형제 중의 위험을 당하고
또 수고하며 애쓰고 여러 번 자지 못하고 주리며 목마르고
여러 번 굶고 춥고 헐벗었노라

—고후 11:23-27

사도 바울이 나를 더욱 힘껏 안아줬는데 마치 어머니의 품 같았다.

“사도 바울님! 어떻게 하면 이렇게 좋은 집에서 살 수 있을까요?”

나는 두 눈을 반짝반짝 빛내며 물었다.

“주님을 위해서 땀 흘리고 힘써 일하게 되면 주님께서 만 배로 갚아 주시고 이런 집도 주신단다. 불쌍한 사람에게 냉수 한 그릇이라도 주면 상으로 갚아 준다고 말씀하셨듯이 주님

안에서 수고한 것은 공짜가 없지."

"네. 잘 알겠습니다."

사도 바울이 준 과일을 먹었는데 기쁨과 소망이 넘쳐났다. 그의 집을 보면서 나도 주님께 충성을 다하겠다는 결심을 했다. 집을 나와 다시 걷기 시작했는데, 멀리서 걸어오는 어떤 사람이 있었다. 천사가 말했다.

"저분이 누군지 아시겠어요?"

"저는 모릅니다."

아름다운 옷을 입은
이사야 선지자

31

"저분은 하늘나라에서 가장 아름다운 옷을 입은 이사야 선지자입니다."

"아, 예."

그가 점점 내게로 다가왔다. 얼굴, 몸, 옷에서 광채가 났다. 빛이 강렬해 눈이 멀 것만 같았고 바라보기 힘들었다. 이사야 선지자는 해처럼 빛났다.

"저 옷은 무슨 옷입니까?"

"하늘나라에서 가장 아름다운 빛의 옷입니다."

하늘나라 성도들의 옷은 크든 작든 모두 다 빛이 있었다. 그런데 이사야 선지자의 옷은 아주 특별했다. 성경과 설교 말씀을 통해서만 알고 있던 이사야 선지자가 내게 다가와 안아주셨다. 얼마나 눈이 부셨는지 눈이 저절로 감겼다.

"이사야 선지자님!"

"왜 그러느냐?"

"어떻게 하면 이런 옷을 입을 수 있나요?"

"나는 여호와의 명령에 따라 3년 동안 벗은 몸과 벗은 발로 다녔단다. 엄청난 수치와 멸시와 고난을 당했어. 그래서 하나님은 하늘나라의 가장 아름다운 옷을 입혀 주셨단다.”

—사 20:2-3

“아, 그렇군요.”

“네가 하늘나라에서 아름다운 옷을 입기를 원한다면 많은 사람을 옳은 길로 인도해야 한단다.”

“그 말씀은 전도를 말씀하는 건가요?”

“그렇지.”

“아무리 환난과 핍박이 있어도 감사함으로 예수님을 전하거라. 그리하면 주님이 가장 아름다운 옷을 입혀 주실 것이다.”

“네, 잘 알겠습니다. 이사야 선지자님.”

나는 이사야 선지자에게 정중히 인사를 하고 천사와 같이 길을 걸었다. 하늘나라 꽃밭을 지나가는데 꽃향기는 머리뿐 아니라 영혼까지 시원하게 했다.

나팔 불며 찬양하는 아기 천사들

32

꽃밭에는 어디서 날아왔는지 모를 황금빛 나비들이 수없이 날아다녔다. 황금새들도 많이 있었다. 아름답게 지저귀는데 무슨 말인지 알아들을 수 있었다. 하나같이 '하나님께 영광을 돌린다'는 내용이었다.

> 내가 또 들으니 하늘 위에와 땅 위에와 땅 아래와
> 바다 위에와 또 그 가운데 모든 피조물이 이르되
> 보좌에 앉으신 이와 어린 양에게 찬송과 존귀와
> 영광과 권능을 세세토록 돌릴지어다 하니
>
> —계 5:13

꽃밭 사이로 지나가는데 세상에서는 맡아보지 못한 향취였다. 여러 꽃들이 저마다의 향기와 아름다움을 발산하고 있었다. 무엇으로 표현하기 어려운 광경이었다. 하늘에서 내려온 천사들이 춤을 추듯 꽃들은 바람 불 때마다 춤을 췄다. 더욱 신기한 것은 꽃들이 말을 한다는 점이었다.

"주님을 찬양합니다. 영원히 영원토록 찬양을 받으소서."

"여호와를 찬양합니다. 영원히 영광을 받으소서."

꽃들도 말을 하고 하나님을 찬양하고 있었다. 모든 만물이 하나님께 영광을 돌리는데, 하나님의 형상으로 지음받은 사람은 하나님을 경배하지 못하고 있다는 사실에 마음이 아팠다.

갑자기 하늘에서 나팔 소리가 들렸기에 그곳으로 시선이 쏠렸다. 그런데 많은 아기 천사가 나팔을 불면서 날아오는 것이 아닌가? 세상에서도 아기들이 예쁜데 하늘나라 아기 천사들은 어떤 말이 더 필요할 것인가?

이 아기 천사들이 노래를 했다.

"하나님만 홀로 영광을 받으소서, 주님만 홀로 영광을 받으소서."

아기 천사들이 주님께 영광돌리는 찬양 소리가 들렸다.

"김상호 성도님! 하늘나라에 들어오심을 진심으로 축하드립니다."

아기 천사들이 나를 둘러싸고 얼마나 예쁜 목소리로 말을 하는지 내 몸이 녹아날 것 같았다. 천사들을 유심히 살펴보니 공중에 떠서 날개를 저어 가는데, 그 날갯짓도 하나님을 찬양하는 소리였다.

천국에 와 보니 온통 하나님께 영광 돌리는 찬양으로 가득했다. 세상에서는 주님 찬양을 많이 하지 못한 채 많은 날을 세상 염려와 근심 속에 살아왔다. 이렇게 살아온 것을 회개하며 이제 세상에 가면 온전히 주님만 사랑하고 찬양하리라는 다짐을 했다.

찬송하라 하나님을 찬송하라 찬송하라

우리 왕을 찬송하라

—시 47:6

온 땅이 주께 경배하고 주를 노래하며 주의

이름을 노래하리이다 할지어다

—시 66:4

십계명을 받은 모세를 만나다

33

꽃길 따라 걷고 있는데, 먼발치에서 흰머리 날리며 해같이 얼굴이 빛나고 위엄 있는 사람이 오고 있었다. 손에 큰 지팡이가 있었고, 옆구리에는 커다란 책을 끼고 있었다. 언뜻 봐도 무섭고 두려웠다.

"저분이 누군지 알겠습니까?"

"아닙니다. 모릅니다."

"그래요?"

"그런데 왜 이렇게 무섭고 두려움이 느껴질까요?"

"그건 이유가 있답니다."

"왜요?"

"조금 있으면 알게 됩니다."

"혹시 저분이 십계명을 기록한 모세가 아닐까요?"

"맞습니다. 애굽에서 신음하던 이스라엘 민족을 이끌고 출애굽한 최고의 영도자 모세입니다. 십계명을 통해서 이스라엘 민족을 그 법 아래 살아가게 했던 분입니다."

하늘에서 만났던 그 누구보다 위엄과 권위가 느껴졌다. 그가 나를 불렀다. 나는 두려워 떨며 그 앞에 나가 엎드렸다.

"하나님 나라에 오니 얼마나 즐겁고 기쁘냐? 이 나라 오게 됨을 환영한다.”

그가 나를 안아주자, 아까 느꼈던 무서움과 두려움이 사라지고 말로 다 할 수 없이 포근했다.

“세상에서 주님을 위한 수고는 하나도 헛것이 없단다.”

“네.”

모세 선지자가 옆구리에 끼고 있던 책을 보여줬다. 무슨 책일까 궁금했는데 바로 ‘행위록’이었다.

“네 행위를 살펴볼까?”

그 말을 들은 내 얼굴은 순간 굳어졌다. 하지만 한번 살펴보고 싶은 생각에, 그렇게 하자고 머리를 끄덕였다. 모세는 행위록을 살펴보더니 웃으면서

“예수님의 피로 너의 죄는 다 씻어졌단다.”

“예.”

“너희가 어떤 죄를 지었다 할지라도 회개하고 돌이키면 주님은 묻지도 따지지도 않고 용서를 하신단다.”

또 내가 보니 죽은 자들이 큰 자나 작은 자나 그 보좌 앞에
서 있는데 책들이 펴 있고 또 다른 책이 펴졌으니
곧 생명책이라 죽은 자들이 자기 행위를 따라
책들에 기록된 대로 심판을 받으니

—계 20:12

"정말 주님의 은혜가 고맙고 감사합니다."

모세 선지자가 이런 얘기를 했다.

"너는 세상에 살 때 어떻게 예수님을 믿게 되었지?"

"나는 아무것도 모릅니다. 다만 내가 알 수 있는 것은 예수
님이 나를 부르셨다는 사실입니다."

"그래, 네 말이 정답이다."

모세와 작별하고 어떤 성도님의 집을 방문했는데, 그 집은
황금으로 지어져 있었다. 세상에서 아무리 유명한 조각가와
건축가들이 집을 짓는다고 해도 저와 같이 아름답고 완벽한
황금집을 만들 수가 있을까?

세상 것들은 모두 천국의 그림자에 불과하다. 아무리 세상
에서 아름다운 집이라도 하늘나라 초가집보다 못하다는 생각
이 들었다.

황금 집을 소유한
장로님 댁을 방문하다

34

　세상에 살 때도 새로 지은 집을 방문하면 이곳저곳을 살펴보게 된다.

　내가 이 황금집을 구석구석 살펴보던 중, 탁자 위에 무언가가 보였다. 다가가서 보니 황금 면류관이 열 개가 포개져 있었다. 벽에는 상장들이 붙어 있었다. 무슨 상장인지 궁금했는데 천사가 이렇게 말했다.

　"천국에 오면 상장을 받게 되는데, 상품은 면류관입니다."

　상장마다 글씨가 쓰여 있었다.

　'전도의 상장', '봉사의 상장', '구제의 상장', '사랑의 상장',

　'인내의 상장', '희생의 상장', '눈물의 상장', '기도의 상장', '찬양의 상장', '선교의 상장'

　"이 다음에 주님 앞에 오면 이 땅에서 행한 대로 상장과 면류관을 받게 됩니다. 세상 사는 동안에 말씀대로 지키고 실천했다면 그 행함이 쌓여 상을 받으니 주님을 위하여 목숨 바쳐 일하십시오."

　"네."

집에 왜 구멍이 났을까?

그 집을 열심히 살피고 있는데 한곳에 구멍이 뚫려 있었다. 이렇게 완벽한 집에 웬 구멍이 뚫렸는지 깜짝 놀랐다.

"천사님, 이 구멍은 무엇입니까?"

"그 구멍은 그만한 사연이 있습니다."

"무슨 사연인가요?"

천사가 구멍 있는 쪽을 손가락으로 가리키기에 그 앞으로 갔다. 구멍이 뚫린 바로 옆에 글씨가 보였는데, 자세히 보니 주일에 결석한 날짜가 그 구멍 옆에 기록되어 있었다. 놀랍고 충격적이었다. 이후 세상에 돌아와 80세가 될 때까지, 나는 주일날 교회 예배에 한 번도 빠진 적이 없었다. 천국 방문을 단지 체험으로 끝내지 않고 실생활에서 옮기려고 부단히 노력했다.

물론 나의 힘과 능력으로 할 수 있는 것이 아니다. 하나님께서 나에게 힘과 능력을 주시기에 가능한 것이다. 마지막 숨이 끊어지는 그때까지 하나님의 때를 따라 도와주시는 은혜가 나와 함께하기를 기도드린다.

예수께서 이르시되 할 수 있거든이 무슨 말이냐 믿는 자에게는 능히 하지 못할 일이 없느니라

—막 9:23

나는 천사에게 물었다.

"저 구멍은 어떻게 하면 없어지나요?"

“죽어가는 영혼들을 많이 하나님께로 돌아오게 하면, 즉 전도를 많이 하면 구멍은 없어집니다.”

“예, 알겠습니다.”

이 집은 유난히도 아름답고 멋있었다.

“이 집 주인은 주님을 위하여 많은 일도 했지만 찬양으로 하나님께 영광을 많이 돌렸기에 유난히 아름답습니다.”

“그렇군요.”

기도 항아리와 눈물 항아리

천사의 손을 잡고 2층으로 올라갔는데 거기에는 황금 항아리 두 개가 있었다.

“이 항아리들은 무슨 항아리입니까?”

“사람들의 기도를 담아 놓은 항아리입니다. 또 하나는 눈물과 땀을 담아 놓은 항아리입니다. 기도와 눈물이 가득 차면 응답이 됩니다.”

향연이 성도의 기도와 함께 천사의 손으로부터
하나님 앞으로 올라가는지라

—계 8:4

구하라 그리하면 너희에게 주실 것이요 찾으라
그리하면 찾아낼 것이요 문을 두드리라 그리하면
너희에게 열릴 것이니

—마 7:7

그때 깨달은 것은, 기도는 때가 되면 응답된다는 사실이다. 그 후로 나는 공동묘지에서도 생명 바쳐 기도하곤 했다. 기도는 꼭 응답된다.

천사의 손을 잡고 3층에 올라갔는데 각종 옷이 많이 있었다. 세상의 어떤 유명한 디자이너도 저렇게 아름답게는 만들지 못할 것이다. TV에서 유명 연예인이 수천만 원짜리 옷을 입고 공연하는 것을 본 적 있지만 하늘나라 드레스만 하겠는가?

그 아름다운 옷에 빠져 빛나는 옷들을 살펴보다가 천사에게 물어보았다.

"저 옷들은 무슨 옷입니까?"

"하늘나라에서 입는 옷입니다."

"어떻게 하면 저런 옷을 입을 수 있을까요?"

"이 옷은 행함의 옷들인데 올바르게 살면 하나님이 입혀 주십니다."

"예."

그에게 빛나고 깨끗한 세마포 옷을 입도록 허락하셨으니
이 세마포 옷은 성도들의 옳은 행실이로다 하더라

—계 19:8

교회를 지어 봉헌한 장로님

이제 4층을 방문하였다. 거기에는 보석, 반지, 목걸이 등 아름다운 장신구가 있었다. 천사가 내게 아름다운 보석 반지를 끼워줬는데 매우 아름다웠다. 그러나 그 반지의 주인이 아니어서 다시 빼어 놓았다.

5층으로 올라가자 성전이 있었다. 나는 깜짝 놀랐다. 잘못 본 것 같아 다시 살펴보았지만 분명히 교회였다.

"천사님! 왜 성전이 이곳에 있습니까?"

"그것이 궁금한가요?"

"네."

"이 집의 주인은 모 교회 장로님인데 하나님께 성전을 지어 봉헌했어요. 그래서 이 집이 이렇게도 아름다운 것입니다."

그 집의 뜰로 나왔다. 규모가 웅장하고 아름다운 만큼 보통 정원이 아니었다. 황금 잔디가 깔려 있고 황금새와 황금 나비가 평화롭게 날고 있었다. 아기 천사들도 있었다. 천사들이 내게로 달려와 방문을 환영하는 인사를 했다.

천사가 정원 한가운데를 손으로 가리켰다.

그곳에 나무 한 그루가 있었다. 보통 나무가 아님을 한눈에 알 수 있었다.

"저 나무가 어떤 나무인지 알고 있습니까?"

"잘 모릅니다."

"저 나무는 생명과 나무인데 아무 집에나 있는 것이 아닙니다. 하나님께 성전을 지어 봉헌한 성도에게 주시는 예수님의 특별한 선물입니다."

그 나무가 좀 특별하다고 생각하고 바라보니 열매도 빛나는 탐스러운 나무였다.

분수대와 물고기와 꽃을 내 집에 있게 하려면?

정원 옆에 분수대가 두 개 있었다. 분수대에서 솟구치는 물이 하늘 끝까지 닿을 듯했다. 분수대 사이에 다리가 놓여있는데 한 폭의 그림 같았다.

"천사님! 어떻게 하면 저 분수대를 집에 세울 수 있나요?"

"기도를 많이 하면 큰 분수대를 세워주시고 찬양을 많이 하면 물줄기가 높이 솟아납니다."

또 분수대 밑으로 각종 물고기가 노닐며 말하는 소리가 들렸다.

"저 고기들은 어떻게 하면 생기는 것입니까?"

"하나님의 집에 와서 봉사하고 충성하면 물고기가 한 마리씩 생깁니다."

궁금한 게 하나 더 있었다.

"어떻게 하면 저 꽃들이 생겨나지요?"

"너무나 쉬운 일인데 성도들이 행동으로 옮기지 못하고 있습니다."

더욱 궁금해진 나는 말해달라고 떼를 썼다.

"이제 가르쳐줄 텐데 세상에 내려가거든 실천하겠습니까?"

"그럼요. 천국 내 집에 꽃이 생긴다는데 안 할 이유가 있겠습니까? 실천하지 못할 일이 무엇이 있겠습니까? 꼭 실천하고 행동으로 옮기겠습니다."

"결심이 대단하니 마음에 듭니다. 불신자에게 '예수님 믿으세요' 라고 한마디만 하면 정원 꽃밭에 꽃이 하나씩 생겨납니다.”

“정말요? 실천하기가 쉽군요.”

“어떤 사람은 전도가 쉽지만 어떤 사람은 죽을 때까지 전도를 못하는 사람들도 있습니다.”

“내가 생각할 때, 전도는 쉬울 수도 있지만 어렵게 느껴질 때도 있습니다.”

“기도하고 전도하면 하나님께서 힘을 주시기에 어렵지 않습니다.”

천국에서 이 사실을 알게 된 나는, 전도할 때 사람들이 욕하고 흉을 봐도 속으로 웃기만 한다.

“하나님! 천국 내 집에 또 꽃 한 송이가 피었습니다.”

아, 누가 내 기쁨과 평화를 알 것인가? 오늘도 나는 천국 집 정원에 꽃 한 송이를 피우기 위해 전도의 발걸음을 쉬지 않는다.

자기 때에 자기의 말씀을 전도로 나타내셨으니

이 전도는 우리 구주 하나님이 명하신 대로 내게 맡기신 것이라

—딛 1:3

황금 그물을 멘 베드로

35

생명수 강가에 도착했다. 마침 하얀색깔의 배가 한 척 있었다. 천국에도 배가 있다는 사실에 놀랐다. 하늘나라 배답게 매우 아름다웠다. 배를 타자 자동으로 움직이더니 강 가운데로 갔다. 물살을 가르고 나가는 배 옆에 어디서 왔는지 아름납고 신비하게 생긴 고기늘이 노래했다.

찬양하는 고기들

"살아계신 예수님, 영광을 받으소서. 그분을 찬양합니다. 그분만 영광 받으소서."

너무 황홀한 광경에 잠시 넋을 놓고 있었다.

"물 위를 걸어 볼까요?"

"어떻게 제가 물 위로 걸을 수가 있겠습니까? 사도 베드로가 아닌데요."

말은 그렇게 했지만 물 위를 걸어 보고 싶었다.

"괜찮겠지요?"

"믿음을 가지고 걸어 보세요."

두 눈을 감고 강에 몸을 풍덩 던졌다. 그런데 이게 웬일인가? 물에 빠지지 않았다. 나는 너무 신기해하며 "할렐루야!"

를 외쳤다.

천사 손을 잡고 물 위에서 걷기도 하고, 뛰기도 했다. 고기들은 물 위로 얼굴을 내밀고 일제히 소리를 질렀다.

"환영합니다."

천국에는 강이 있지만 강물에 빠지는 일이 없고, 병도 없고, 죽음도 없었다.

베드로의 당부

강 저쪽에서 어떤 사람이 그물을 어깨에 메고 터벅터벅 걸어오고 있었다. 천사가 나에게 물었다.

"저분이 누구인지 알겠습니까?"

"글쎄요."

"잘 생각해 보세요."

그분은 점점 가까이 오고 있었다. 얼굴은 광채가 났고 턱에는 긴 수염이 있었다. 땅에 끌리는 흰옷과 황금 벨트, 가슴에는 주먹만한 보석 목걸이가 달려 있었다. 우람한 어깨에 황금 그물이 걸쳐 있다는 점이 특이했다. 보기만 해도 듬직하고 믿

음직스러운 사람처럼 느껴졌다. 혹시 예수님의 제자가 아닐
까 생각하고 있는데 그가 가까이 다가왔다.

"예수님의 제자 베드로 님이 아닌가요?"

베드로는 "그렇다." 대답하며 나를 포옹했다. 매우 고맙고
감사했다. 내 어찌 예수님의 제자를 만날 수 있다는 말인가?

그는 큰소리로 웃었다. 확실히 갈릴리 어부 스타일이 남아
있었다.

"나는 예전에 물고기를 잡는 어부였지. 그런 나를 예수님이
사람의 어부로 만들어 주셨어. 나는 예수님의 제자가 되려고
예수님께로 온 자가 아니었다. 너도 성경을 읽으면 알겠지만
3년이나 예수님을 따라다니다가 주님이 십자가 질 적에 계집
종 앞에서 예수님을 부인하고 저주했던 내가 아니냐? 나는 가
룟 유다와 비교해서 결코 나을 것이 없는 흉악범이다. 그런데
이런 나를 부르셔서 사도 베드로로 세워 주셨다."

"저도 스스로 예수님을 믿은 것은 아닙니다."

"그래, 네가 어떻게 예수님을 믿을 수 있겠느냐? 그분이 불
러주시고 택하여 주지 않았다면 구원을 받을 사람이 한 사람
도 없단다."

"그저 주님의 은혜에 감사하고 고맙습니다."

"우리는 영원히 영원토록 우리를 구원해 주심에 대해 찬양
하고 경배해야 한다."

"예."

"내가 너에게 특별히 할 말이 있다."

"어떤 이야기인데요?"

"나는 비록 예수님을 부인하고 저주한 적이 있지만 깊이 회개 했단다. 오순절 마가다락방에서 성령 세례를 받은 후에는 하나님께 온전히 붙잡혀 말씀을 증거했지. 그때 삼천 명씩 회개하여 불신자들이 하나님께 돌아왔단다. 너도 이 사실을 알고 있지?"

"그럼요, 알고 있고말고요."

"세상에 나가거든 내가 온전히 주를 좇은 것처럼 너도 영혼을 구원하는 일꾼이 되거라."

"알겠습니다."

그 말을 받은 사람들은 세례를 받으매 이날에 신도의
수가 삼천이나 더하더라

—행 2:41

말씀하시되 나를 따라오라 내가 너희를 사람을 낚는
어부가 되게 하리라 하시니

—마 4:19

사도 베드로와 헤어질 시간이 됐다. 그런데 내게 작은 그물을 선물로 주는 것이 아닌가? 아, 얼마나 기쁘고 황홀한지 몸 둘 바를 몰랐다.

이것은 무엇을 의미하는 것인가? 많은 영혼을 구원하라는 사도 베드로의 마음이 이 그물 속에 담겨 있다고 믿는다. 그 선물을 받은 자로서 내 생명 끝나기까지 부끄럽지 않은 성도가 되기 위하여 오늘도 나를 채찍질한다.

"사도 베드로님! 나중에 또 만나요."

"하! 하! 하! 그렇게 하자."

베드로는 물 위로 걸어서 다른 곳으로 갔다. 천사와 나는 물 위를 걸어 물가로 나왔다.

천사장 미가엘

36

내 앞에 갑자기 큰 장군이 나타났다. 얼마나 크고 위엄이 있는지 나는 두려움에 떨었다.

그 뒤에는 수천 명의 천사가 뒤따랐다. 장군 어깨에 큰 황금 칼이 있었다. 저 장군이 누구냐고 물었더니 미가엘 천사장이 라고 했다.

—유 1:9

천사장이 나를 쳐다보기에 나는 두려움으로 무릎을 꿇었다.

"내가 천사장 미가엘이다. 이 나라에 들어온 것을 환영한다."

미가엘 천사장이 내 어깨를 두드려 주었다. 내 속에 있던 두려움은 든든함으로 바뀌었다.

정말 하나님의 특별한 은총이 아니고서는 이런 일을 어떻게 경험할 수 있겠는가? 하나님의 은혜에 늘 감사하고 또 감사를 드린다. 나는 천사장에게 인사를 하고 발걸음을 옮겼다.

보석 집을 방문하다

37

어느 성도의 보석 집을 방문했다. 보기만 해도 가슴이 뛰었다.

그러니 이곳에 사는 사람은 얼마나 좋을까? 보석 자체에서 영롱한 빛이 났다. 각 보석에 따라 서로 다른 빛을 발산하고 있었다.

표현력이 부족한 내가 한스러울 뿐이다.

"천사님, 어떻게 해야 이처럼 영롱하고 아름다운 보석 집을 소유할 수 있나요?"

"하나님 앞에 성전을 짓는다든지, 주님을 위하여 집을 바친다든지, 자식을 주의 종으로 만든다든지, 선교사가 되어 타국에서 복음을 전하거나, 또 깊은 산중이나 험한 곳에서 목회할 때 하나님께서 이런 보석 집으로 갚아주십니다."

"그렇군요."

행함에 따라 달라지는 다양한 집들

"하늘나라에는 집 종류가 다양합니다."

"무슨 뜻입니까?"

"사도 바울의 상급과 십자가 위에서 겨우 구원받은 한 강도의 상급이 같겠습니까? 분명히 틀리지요. 믿음으로 구원은 받지만 행함으로 상급을 받게 됩니다."

> 보라 내가 속히 오리니 내가 줄 상이 내게 있어
> 각 사람에게 그가 행한 대로 갚아 주리라
>
> —계 22:12

"그러니 겨우 구원받은 강도와 같은 인물이 되어야겠습니까? 일생을 주를 위해 바치고 마지막엔 순교까지 한 사도 바울 같은 인물이 되어야겠습니까?"

"저는 힘들고 어려워도 사도 바울의 뒤를 따르겠습니다."

"고맙습니다. 주님이 기뻐하실 것입니다."

"주님이 제 말을 들으실까요?"

"그럼요. 주님은 성도님이 말하는 것을 다 듣고 계신 분이고 생각도 이미 알고 계십니다. 성도님이 이 세상에 태어나기 전, 창세 전에 이미 알고 계신 전능한 하나님이십니다."

"할렐루야! 주님께 영광을 돌립니다.

헌금에 관한 이야기

38

 천사가 내게 물어보았다.

"성도님은 세상에서 하나님께 헌금을 드릴 때 본인 이름만 기록했습니까? 아니면 가족 이름도 함께 기록했습니까?"

"제 이름만 썼습니다."

"헌금을 할 때 본인 한 사람 이름만 기록해도 되지만 가족 이름을 함께 써도 됩니다."

천국에는 개인 창고가 있는데, 내 이름만 쓰면 내 창고에만 쌓인다.

일례로 십일조나 감사헌금, 건축헌금, 선교헌금 등 헌금할 때 내 이름만 봉투에 기록하면 내 창고에만 쌓인다. 그런데 내가 아내의 이름과 자녀 이름을 같이 기록하면 각자의 창고에 나눠 쌓인다. 물론 헌금이 나눠 쌓이기에 액수는 줄어들지만 골고루 가족 개인 창고에 쌓이게 되니 보람 있는 일이다. 하지만 이는 예수님 믿고 성령을 받아 하나님 자녀가 된 가족에게만 해당 된다. 예수님 믿지 않는다면 천국과 상관이 없기 때문이다.

물론 봉투에 이름을 기록하지 않고 무명으로 헌금할 때도 하나님이 기뻐하신다. 내 이름을 기록하지 않아도 자신의 창고에 쌓인다.

내 모든 재물은 주님 것이기에

우리 성도들은 각종 헌금을 하면서 살게 된다. 헌금은 내 마음의 정성이다. 크고 작음을 판단하실 이는 오직 주님이다. 헌금은 하나님 전에 올라가는 것이기에, 지극정성을 다해야 한다.

내 일생의 한 부분은 하나님께 헌금을 드리는 삶이었다. 나는 재물이 내 것이라고 생각해 본 적이 없다. 주님께서 주신 것이라 믿고 살아왔다.

뒷장에 헌금 생활에 대해 나오겠지만 나의 삶은 한 마디로 하나님께 드리는 삶이었다. 이것이 나의 기쁨이고 소망이다. 주님이 나를 원하신다면 이 한 몸 불태우는 순교라도 하고 싶다.

주님께 선물로 받은 황금 성경책

39

지금까지 길 안내하는 천사와 함께 많은 곳을 방문했다. 또 성경의 훌륭한 인물들과 대면해 이야기했다. 그런데 천사가 주님 앞으로 가자고 해서 주님 앞에 다시 섰다.

"지금까지 하늘나라를 잘 돌아보았느냐?"

"예."

예수님이 웃으면서 나를 안아주셨다. 손을 펼치자 세상에 있을 때 십자가에서 고통당한 흔적인 못 자국이 선명하게 보였다.

그분은 창조자이시고 만왕의 왕이 되는 분이다. 이 땅에 와서 나 같은 존재를 위하여 십자가에 못 박혀 돌아가실 분이 아니다.

그런데도 내 영혼의 구원을 위하여 하늘의 보좌를 버리고 이 땅에 오신 것이다.

순간 내 두 눈에 뜨거운 감사의 눈물이 솟구쳤다.

"주님! 고맙습니다. 저를 위하여 십자가에 돌아가시고 또 제 여섯 자녀를 이 좋은 천국에 살게 해 주셨습니다."

"네 자녀는 죽은 것이 아니라 이 영생의 나라에서 영원히 살아갈 것이다. 언젠가 너를 부르는 날 이곳에서 네 자녀와 성도들과 영원히 살자.”

“주님, 그저 감사할 뿐입니다.”

감사의 눈물이 계속 흘러내렸다. 울고 있는 나에게 주님이 선물을 주셨다.

“이것은 무엇입니까?”

“황금 성경책이지. 반지도 끼어 보거라.”

“네.”

황금 성경책과 손가락에 잘 맞는 반지로 인해 나는 더욱 기쁨이 충만했다. 이 성경책은 하나님 말씀을 읽고 말씀대로 살아내라는 뜻일 것이다. 반지는 주님께 대한 사랑이 변하지 말라는 의미로 받아들여졌다.

너희가 성경에서 영생을 얻는 줄 생각하고 성경을 연구하거니와
이 성경이 곧 내게 대하여 증언하는 것이니라

—요 5:39

아버지는 종들에게 이르되 제일 좋은 옷을 내어다가 입히고
손에 가락지를 끼우고 발에 신을 신기라

—눅 15:22

주님이 영광을 받으시는 시간

40

그때 주님께서 "지금 이 시간은 내가 영광을 받을 시간이란다."라고 말씀하셨다. 갑자기 천사 수만 명이 다양한 악기를 가지고 주님 보좌 앞에 몰려들었다. 또 주님 보좌 앞에 날개가 여섯 개씩 달린 수천 명의 천사가 있었다. 이 천사들이 날개를 흔들며 수님을 찬양했다.

스랍들이 모시고 섰는데 각기 여섯 날개가 있어 그 둘로는
자기의 얼굴을 가리었고 그 둘로는 자기의 발을 가리었고
그 둘로는 날며 서로 불러 이르되 거룩하다 거룩하다 거룩하다
만군의 여호와여 그의 영광이 온 땅에 충만하도다 하더라

—사 6:2-3

악기를 소유한 천사들은 각종 악기를 연주하며 주님을 찬양했다. 또 아기 천사들도 주님 보좌로 수천 명이 날아와 주님을 찬양했다. 가히 표현하기 어려운 장관이었다. 주님께서 내게 말씀하셨다.

"너도 앞에 나가서 춤을 추며 영광을 돌리거라."

"네."

주님도 얼마나 기쁘신지 손을 흔들며 영광을 받고 계셨다.

천사들이 일제히 소리를 질렀다.

"주님께 영광, 주님께 영광, 영원히 영광을 받으소서."

예수님께서 말씀하셨다.

"하늘나라는 찬양의 세계란다."

정말 그렇다. 하늘나라 어느 곳에서나 찬양 소리가 울려 퍼졌다.

"하늘나라에 온 사람들은 어떻게 살지요?"

"나를 중심으로 영광과 찬양을 드리면서 사는 세계란다."

"네, 잘 알겠습니다. 제가 한 말씀 더 드릴 것이 있는데요, 세상에 가지 않고 이곳에서 그냥 살면 안 될까요?"

"너는 세상으로 내려가야 한다. 교회도 지어야 하고 할 일이 얼마나 많은지 아느냐?"

"그래도요, 여기가 훨씬 좋은데요."

"너는 다시 돌아가 일을 많이 하고 와야 네가 본 많은 상급을 받을 수 있단다. 내 명령이다. 돌아가라!"

주님의 명령이 떨어지자마자 어디선가 황금마차가 나타났다. 나를 태우더니 순식간에 이 세상으로 이동하는 것이 아닌가?

그들이 이제는 더 나은 본향을 사모하니 곧 하늘에
있는 것이라 이러므로 하나님이 그들의 하나님이라
일컬음 받으심을 부끄러워하지 아니하시고
그들을 위하여 한 성을 예비하셨느니라

—히 11:16

내 눈이 이 땅의 충성된 자를 살펴

나와 함께 살게 하리니

완전한 길에 행하는 자가

나를 따르리로다

—시 101:6

나의 사역들

네가 죽도록 충성하라

그리하면 내가 생명의 면류관을

네게 주리라

—계 2:10

나의 집안 배경

41

한국 종교의 뿌리는 수천 년 동안 내려오는 무속이다. 백년 전 한국 땅에 선교사가 오기 전까지는 동네 어귀에 장승을 세워 놓고 오가며 복을 달라고 빌었다.

또 수백 년 된 나무와 돌들, 그리고 해와 달과 별에게 엎드려 빌었다. 바닷가와 관련 있는 어촌이나 어부들은 굿을 하며 바다의 용왕을 숭배했다.

만일 하나님께서 이 땅에 선교사를 보내주지 않았다면, 나는 지금도 무속에 빠져 하나님을 믿지 못했을 것이다. 백여 년 전 이 땅에 복음을 전하러 오셨던 선교사님들께 감사드린다. 흑암 속에 있던 이 민족에게 선교사님들을 보내주신 하나님께 감사드린다.

우리 집안도 여느 집과 다름없이 하나님을 모르는 가정이었다.

우리 구병리에서 내가 예수를 맨 처음 믿은 사람이니 말하면 무엇하랴? 내 누님이 무당이고 장모님이 무당이고 처형이 무당이며 외사촌 동생이 박수에다가 조카 중에도 무당이 있다.

이런 주변의 배경으로 봤을 때, 우리 집은 무속인 집안이다.

그는 허물과 죄로 죽었던 너희를 살리셨도다
그때에 너희는 그 가운데서 행하여 이 세상 풍조를 따르고
공중의 권세 잡은 자를 따랐으니 곧 지금 불순종의 아들들
가운데서 역사하는 영이라 전에는 우리도 다 그 가운데서
우리 육체의 욕심을 따라 지내며 육체와 마음의 원하는 것을
하여 다른 이들과 같이 본질상 진노의 자녀이었더니

—엡 2:1-3

동네와 집 안 사람들의 핍박

42

이미 예견된 일이었지만 실상은 견디기 어려웠다. 산골 마을에서 살아가려면 좋든지 싫든지 동네 사람들과 관계를 맺고 살아가야 한다. 그런데 듣지도 보지도 못한 서양 종교를 믿으니 동네 사람들의 시선이 고울 리가 없었다.

마치 보지 말아야 할 벌레를 본 것처럼 나를 힐긋힐긋 쳐다보면서 지나갔다. 노골적으로 싫은 기색을 하는 사람도 있었다. 하루 이틀도 아니고 살아가는 동안 계속 이럴 텐데, 이것도 보통 고통이 아니었다. 동네 사람들은 그래도 남이기에 참을 만했지만, 가족들의 핍박은 더 견디기 어려웠다.

앞에서 말했듯이 무속 집안에서 예수님을 섬긴다는 것은 쉬운 일이 아니다.

내가 하늘나라 영적 체험하기 전에는 핍박이 견디기 힘들었다. 그 후에는 하나님께서 견딜 수 있는 힘을 주셨다. 또 하늘나라 상급을 바라보니 현재 받는 고난이 참을 만했다.

그리스도를 위하여 너희에게 은혜를 주신 것은
다만 그를 믿을 뿐 아니라 또한 그를 위하여
고난도 받게 하려 하심이라

—빌 1:29

공동묘지에서 받은 성령세례

43

집에서 가장 가까운 교회에 가려면 두 시간 걸렸다. 아랫마을에 있었는데 너무 멀어 매일 기도하고 예배드리는 일은 쉽지 않았다. 예전 같으면 동네 사람이나 친구들과 어울려 술을 마시고 노름하겠지만 이전의 내가 아니었다.

내가 갈 곳은 한 군데가 있었는데 공동묘지였다. 그곳은 사람들이 특별한 날에나 찾았기 때문이다. 사람들과 완전히 단절된 나는, 밤이면 공동묘지에 가서 하나님께 큰 소리로 부르짖어 기도했다.

살아계신 하나님께 내 생명을 바쳐 기도했다. 특별히 정해 놓은 것은 없지만 하나님 앞에 끊임없이 기도를 올렸다.

"살아계신 하나님! 저를 우상숭배 가정에서 불러주시고 이제 하나님을 섬기게 되어 얼마나 감사한지 모릅니다. 이 동네 전체가 산신을 섬기고 있습니다. 지금 저희 가정만 하나님을 섬기는데 보통 어려운 것이 아닙니다. 나 홀로 내버려 두시면 우리는 죽을 수밖에 없습니다. 하나님이 도와주시어 구병리 마을이 언젠가는 다 그리스도를 영접하는 마을이 되게 하여 주옵소서. 그러기 위해서는 이 동리에 하나님의 성전이 세워

져야겠습니다. 하나님께서 굽어 살펴주셔서 저희 기도를 응답하여 주옵소서."

이런 내용의 기도를 계속하고 있었다. 공동묘지에서 기도한다는 것은 생각보다 어려웠다. 적막한 밤에 파도처럼 밀려오는 두려움과 공포를 이겨내야 했다. 이 두려움을 없애기 위해 목이 터져라 부르짖었다. 그렇게 하다 보면 어느새 새벽하늘에 동이 트고 있었다.

온몸이 불덩이가 된 성령세례

어느 날 밤에 계속 기도를 하는데 나의 머리가 뜨거워지고 가슴이 뜨거워졌다. 순간에 온몸이 불덩이로 변했다. 동시에 내 손에 강한 힘이 왔다. 나는 초신자였기에 이런 현상에 대해서는 잘 알지 못했다. 하나님께서 성령 세례를 주셨다는 것을 나중에 알게 되었다.

이천 년 전 마가의 다락방 성령의 역사가 그날 밤 나에게도 임했다. 이제는 이전의 내가 아니었다. 성령에 사로잡힌 사람이 된 것이다. 그 옛날 베드로는 계집종 앞에서도 도망 다녔지만, 오순절에 성령을 받은 후에는 놀랍게 변화되었다. 주님의 사도로서 사명을 완수한 것이다. 이처럼 나에게도 성령이 임하였고 태산이라도 부술 수 있는 힘이 왔다.

그날은 내가 진정 거듭난 날이요 영적인 생일이었다. 하늘의 시민권을 받은 날이다. 나는 그날의 경험을 생각하면 온몸이 뜨거워진다. 지금까지 승리의 신앙생활을 할 수 있었던 것은 그날의 경험이 밑바탕이 되었다.

신유 은사를 받다

그날 밤 성령이 뜨겁게 임할 때 주님의 환상도 동시에 보였다.

면류관과 흰옷을 입은 주님께서 내 등을 어루만지면서 이렇게 말씀했다.

"내가 너에게 능력을 주리라. 신유 은사를 주리라."

그리고 내 곁을 떠났다. 그 후로 손에 어떤 증상이 나타나곤 했다. 손에 묵직한 느낌이 오면서 손등이 뜨거워졌다. 그 당시에는 정신적인 고통을 겪는 사람들이 많았다. 무슨 소문이 났는지 사람들이 우리 집에 몰려들기 시작했다.

다른 사람에게는 같은 성령으로 믿음을, 어떤 사람에게는
한 성령으로 병 고치는 은사를

—고전 12:9

내가 성경을 읽게 된 배경

44

이 책의 앞부분에 내가 아버지로부터 글을 배우지 못한 이유를 기록했다. 지나고 보니 한학자인 아버지로부터 한문을 배웠다면 유교문화에 빠져 있지 않았을까 하는 생각도 해본다.

교회 안에 들어와 보니 성경을 읽지 않고는 하나님과 주님과 성령에 대해 알 수가 없었다. 나는 이미 장년이 되었지만 공부를 시작했다. 모래를 가져와 그 위에 글씨 연습을 했다. 그러던 어느 날 성경을 읽게 되었다. 그 기쁨은 이루 말할 수 없었다.

농사를 짓다가도 비가 오는 날이면 하루 종일 하나님 말씀을 읽으며 묵상했다. 내 비록 학문적인 사람은 못되어도 주님에 대한 지식은 부족함이 없다고 생각한다. 글씨를 하나둘 배워가며 하나님의 말씀을 묵상했던 때가 엊그제 같은데 많은 세월이 흘렀다. 나는 오늘도 하나님 말씀을 읽고 묵상하며 주님의 더 깊은 세계로 들어가고 있다

사람들이 치료받고자 몰려와도 교회가 없어
내 집에서 예배를 드렸다

30년 된 정신병 환자를 고치다

45

당시 나의 집에는 환자들이 들끓었다. 환자들이 고침받자 이 동네, 저 동네로 소문이 퍼졌다. 구병리에서는 내가 처음 예수를 믿은 사람이다. 교회가 삼십 리 떨어져 있어 신앙생활 하기가 힘들었다. 우리 동네도 교회가 필요했지만 당장 건축하기에는 상황이 여의치 않았다.

하나님께서 나에게 신유 은사를 주셨기에 원근 각지에서 환자들이 왔다. 사람들이 치료받고자 몰려와도 교회가 없어 내 집에서 예배를 드렸다.

당시 초등학교 교장 선생님에게 온전하지 않은 딸이 있었다. 그렇게 된 지 약 서른 해가 되었는데 종종 집을 뛰쳐나가거나 장롱 등 집에 있는 가구를 부쉈다고 한다. 교장 부부가 그녀를 데리고 왔다.

당시는 교역자가 없던 때라 나는 성도들과 함께 기도했다. 그녀는 한 달 만에 깨끗하게 치료받고 가정으로 돌아갔다.

—마 10:1

정신병 환자를 위하여
3일 금식과 철야 기도

46

동네에 쉰 살 정도 된 여자가 미쳐서 돌아다니며 사람을 팼고 기물을 파손했다. 가족들이 와서 나에게 책임지고 치료해 달라고 부탁했다.

그날부터 나는 3일간 금식하며 철야를 했다. 3일 되던 그 밤에 여자에게 물었다.

"너는 누구냐?"

"나는 속리산 절에서 중의 형상을 입고 삼십 년을 떠돌다가 이 여자에게 들어간 귀신이다."

예수께서 네 이름이 무엇이냐 물으신즉 이르되 군대라 하니
이는 많은 귀신이 들렸음이라

—눅 8:30

"내가 예수의 이름으로 네게 명하노니 이 여인에게서 묶음을 놓고 떠나가라!"

그때 여자가 쓰러지면서 거품을 흘렸는데 숨을 쉬지 않았다. 죽은 사람처럼 된 것이다. 그래서 우리는 새벽까지 마귀를

쫓는 찬송을 불렀다. 그런데 새벽 4시 경 그 여자가 눈을 비비며 일어났다. 아무 일도 없었다는 듯 멀쩡해졌다. 우리는 기뻐하며 하나님께 영광을 돌렸다.

영적으로 죽어 있던 한 사람이 하나님께 돌아왔다. 보통 사람도 아니고 귀신에 붙잡혀 살던 사람이 예수님의 따뜻한 품에 돌아오게 되었으니 얼마나 감사한 일인가?

그녀는 사방을 둘러보았다,

"밥 좀 주세요."

아내가 밥상을 차려 내왔다. 얼마나 맛있게 먹던지 보는 사람들이 군침이 넘어갈 정도였다. 밥을 먹으면서 기력이 회복되었고 온전한 정신으로 하나님께 영광을 돌렸다.

나는 얼마나 기뻤는지 모른다. 나도 하나님을 모르고 살아왔는데 하나님이 자녀 삼아 주시고 부족하나마 나를 사용하셔서 주님의 일을 하게 하시니 얼마나 감사한가? 주님의 은혜가 고맙고 감사했다.

지금도 그때 일을 생각하면 흥분이 된다. 나는 교역자도 아니었고 평신도로서 오직 말씀에 의지해 사역했다. 그때가 바로 초대교회와 같았다는 생각이 든다.

그 당시 찬양과 기도로 함께 했던 성도님들이 그리워진다.

예수께서 무리가 달려와 모이는 것을 보시고 그 더러운 귀신을

꾸짖어 이르시되 말 못하고 못 듣는 귀신아 내가 네게 명하노니

그 아이에게서 나오고 다시 들어가지 말라 하시매

귀신이 소리 지르며 아이로 심히 경련을 일으키게 하고 나가니

그 아이가 죽은 것 같이 되어 많은 사람이 말하기를 죽었다 하나

—막 9:25-26

육신은 잠이 들었어도 영혼은 깨어

47

교회가 멀리 있던 터라 구병리 공동묘지에서 기도하기 시작했다. 저녁 먹으면 혼자 기도하러 갔고, 새벽에 돌아와 집에서 예배를 드렸다.

젊을 때나 지금이나 변하지 않은 것이 있다. 그것은 내가 기도할 때 무릎을 꿇고 소리 내어 통성으로 기도한다는 것이다.

산에서 밤새 기도했기에 새벽에 돌아와 예배를 드릴 때는 매우 피곤했다.

나중에 아내가 이렇게 말했다.

"당신은 분명히 잠들었는데 입에서 기도 소리가 나고 있으니, 어찌 된 일인가요?"

내 육신은 잠들었어도 영혼은 깨어 기도했다고 생각한다. 잠을 자면서 영의 기도인 방언 기도가 나온 것이다. 아마 이런 경험은 나뿐만 아니라 많은 성도가 경험해 보았을 것이다.

이와 같이 성령도 우리의 연약함을 도우시나니
우리는 마땅히 기도할 바를 알지 못하나 오직 성령이
말할 수 없는 탄식으로 우리를 위하여 친히 간구하시느니라

마음을 살피시는 이가 성령의 생각을 아시나니

이는 성령이 하나님의 뜻대로 성도를 위하여 간구하심이니라

―롬 8:26-27

살모사에 물려 죽어갈 때
나의 신앙고백

48

어느 날 나는 풀밭 길을 걸어가던 중이었다. 어디서 나왔는지 살모사가 내 발목의 혈관을 물었다. 이 뱀에게 물리면 백 명 중 아흔아홉 명은 죽는다는 독사였다.

그 즉시 온몸이 새카맣게 부어 고무풍선처럼 부풀어 올랐다.

겨우 걸어서 집에 도착하자마자 쓰러졌다.

삼거리에 있는 어떤 사람이 내 몸에서 뱀독을 빼내겠다고 왔다. 그런데 칼로 내 다리의 혈관을 잘못 건드려 피가 하늘로 솟구쳤다.

3일 동안 지혈이 되지 않아 계속 피가 흘러나왔다.

마침내 전신의 피를 다 쏟아, 더이상 기력을 회복할 수 없는 지경에 이르렀다.

그때가 여름이었는데 피가 썩는 냄새가 온 방에 가득했다.

나는 손가락 하나 움직일 수 없는 상태가 되었다. 온 동네 사람이 다시 수군대기 시작했다.

"저 집 김상호네 말이야, 망했어!"

"왜?"

"이번엔 살모사에게 물렸어."

"살아날 수 없겠는걸?"

"이번에는 힘들거야."

"사대 독자라며?"

"그렇다니까."

"그래서 한번 믿은 신을 끝까지 섬겨야지 도중에 바꾸면 그 신이 해코지하는 거야. 자네들, 이런 말을 들어 본 적 없나?"

"맞아, 들어봤어. 우리 조상들도 말해왔고 우리도 잘 알고 있지."

예수를 버리라는 무당 누님

온 동네 사람들이 내가 살모사에게 물려 죽게 된 것은 산신을 버린 증거라고 이구동성으로 말했다.

그때 무당을 하고 있던 누님이 구병리에 찾아왔다.

"상호야, 이제라도 야소를 버려라. 네가 살 수 있는 마지막 방법이다."

"무슨 말이세요?"

"너 이러다가 죽어. 너는 우리 집안의 사대 독자 아니냐? 내 말을 들어야 한다. 이제 야소교를 버리고 굿을 해서 산신을 달래야 한다. 막혔던 것을 풀어야지 그렇지 않으면 너는 살아날 수가 없어."

나는 난감했다. 예수 믿고 한해 만에 여섯 자녀를 잃었는데, 이제는 내가 살모사에 물려 내일을 기약할 수 없는 처지가 되었다.

나와 함께 하신다는 하나님은 왜 나를 고쳐 주시지 않는가? 나는 말할 수 없는 고통 속에 몸부림쳤다. 내 상태는 겨우 숨은 쉬고 있지만 살아있는 사람이라고 보기 어려웠다.

누나는 계속 나에게 예수를 버리라고 호통치며 집 안팎을 씩씩거리며 돌아다녔다.

"상호야! 내가 다시 한번 말한다. 너는 야소를 버리고 아버지가 섬기던 산신을 섬겨야 한다!"

"그렇게는 못 합니다. 나는 이렇게 죽어도 예수를 믿습니다."

"너 정신이 있는 거냐? 이 개새끼, 죽어도 장례 치르지 마세요!"

누님은 나에게 이렇게 말했다. 내게 침을 퉤퉤 뱉더니 문을 발로 차고 떠났다.

예수님을 믿고 구원받으세요

내가 죽게 되었다는 소식에 둘째 누님도 어려운 발걸음을 했다.

"상호야, 얼마나 힘드냐?"

"네.

"이제라도 예수 버리고 산신을 섬겨라. 산신이 노한 것이 틀림 없잖니? 살모사가 왜 너를 물었겠어? 길 가는 사람 아무나 붙잡고 물어봐도 산신이 노했다고 할 것이다. 네가 우리 집안 사대 독자인데 예수 믿어 우리 집안이 씨가 마르면 되겠니? 너 없으면 내가 무슨 낙으로 살겠니? 정말 부탁이다. 예수를 버려라.”

누님은 나를 붙잡고 흐느껴 울었다.

“누님이 저를 생각해서 하시는 말씀이라고 생각합니다. 하지만 나는 예수님밖에 없습니다. 나는 오늘 죽어도 여한이 없고 후회가 없어요.”

누나는 자기 말이 먹혀들지 않는다는 것을 알고 고개를 좌우로 흔들었다.

나는 겨우 정신을 차리고 마지막 말을 했다.

“누님, 제가 하고 싶은 말이 있습니다.”

“뭔데?”

“누님도 예수님을 믿고 구원받으세요.”

“뭐라고?”

누나는 노발대발하며 자기 집으로 돌아갔다. 이제는 누구 하나 찾아오는 사람이 없는 적막한 곳이 되고 말았다. 이렇게 외로운 날이 계속되고 있을 때 나는 살아 계신 하나님께 기도했다.

기도 중에 찾아오신 주님

“하나님! 이제는 이 시련이 내게서 지나가게 하옵소서. 이제는 나를 구원하사 원수들의 조롱거리가 되지 말게 하옵시며, 하나님의 영광만 드러나게 하옵소서.”

내 심령 깊은 곳에서부터 나온 기도였다. 뜨거운 눈물이 한

없이 쏟아졌다.

"나는 죽어도 좋지만 하나님 영광을 가리니 나를 살려주셔야 합니다. 한 번만 저에게 기회를 주신다면 남은 생애를 주를 위해 살겠나이다."

이렇게 기도하다가 잠이 들었는데 꿈을 꾸었다.

경찰이 나를 체포하려고 집에 왔다.

"김상호! 수사할 것이 있으니 파출소에 가자."

"나는 죄지은 것이 없는데요?"

"죄가 있는지 없는지는 파출소에 가면 알 거 아냐?"

경찰들은 내 손에 수갑을 채웠다. 파출소에 도착했을 때, 경찰은 소장에게 보고했다.

"김상호? 아니 이 사람은 왜 데리고 왔어?"

"예?"

"이 사람은 죄목이 없어, 돌려보내!"

"예, 알겠습니다."

"죄송합니다. 우리가 사람을 잘못 보았습니다. 이제 돌아가셔도 됩니다."

나는 파출소에서 풀려나 집으로 돌아왔다.

그 꿈을 꾸고 난 후 내 심령 깊은 곳에서부터 믿음이 오기 시작했다. 이 믿음은 내가 믿으려고 애쓰는 내 방편에서 나온 믿음이 아니었다. 주님으로부터 오는 믿음, 즉 믿어지는 믿음이 오기 시작한 것이다.

내 마음 깊은 곳으로부터 들려오는 음성이 있었다.

"너는 산다. 너는 살 수 있다."

누워서 계속 기도에 정진하고 있었다.

그러던 어느 날 기도 중에 주님이 찾아오셨다. 내 손을 잡아주며 말씀하셨다.

"내가 너를 사랑한다."

"네."

"내가 너에게 힘을 주노라. 이제 일어나거라!"

그제야 나는 여섯 달 동안의 죽음의 터널에서 빠져나올 수 있었다.

내가 자리를 털고 일어나니 동네 사람들이 또다시 몰려오기 시작했다. 저마다 이구동성으로 하나님은 살아계신다고 했다. 사실 살모사에게 물렸을 때, 가족들이나 아내 역시 나를 이미 죽은 사람이라고 생각했다. 당시 아내의 간절한 기도는 이러했다.

"하나님! 예수님을 믿고 육 남매 데려가신 것도 견딜 수 없는 시련인데 이제 남편마저 데려가신다면 하나님 영광을 가리게 됩니다. 남편을 살려주세요."

아내는 여섯 달 동안 눈물을 흘리면서 기도했다. 아내의 눈
물의 기도를 하나님께서 받으신 것이다.

여호와여 나의 기도에 귀를 기울이시고

내가 간구하는 소리를 들으소서

—시 86:6

의인이 나를 칠지라도 은혜로 여기며 책망할지라도

머리의 기름 같이 여겨서 내 머리가 이를 거절하지 아니할지라

그들의 재난 중에도 내가 항상 기도하리로다

—시 141:5

순교의 현장,
1분 기도 후에 죽어라

49

성전이 없었기에 공동묘지에 가서 하나님께 성전 부지를 달라고 날마다 부르짖었다. 그러던 어느 날 밤 기도 중에 환상이 보였다. 내가 돗자리를 깔고 보은 군수를 영접하는 장면이었다. 기도를 마치고 집에 돌아왔는데 이튿날 친척 중 한 사람이 교회 부지를 기증했다.

더욱 힘을 얻은 나는 내가 전도한 성도들과 더불어 기도에 매달렸다. 교회를 지으려 해도 돈이 없어서 산에 가서 성전 대들보용 나무를 베어 왔다. 그런데 어느 사이에 윗집 사람이 그 대들보를 가져다 옥수수 말리는 용도로 쓰고 있었다. 성전 대들보를 가져다 마음대로 사용하는 것을 보고 몹시 마음이 아팠다.

이 문제를 놓고 기도하는 중에 주님이 말씀하셨다.

"그 대들보를 찾아와라."

"주지 않을 텐데요?"

"찾아와야 한다. 거룩한 성물이다. 내 명령이다!"

다음 날 그 집에 찾아갔다.

"이 나무는 성전 대들보용으로 우리 성도들이 산에서 베어

온 것입니다. 돌려주십시오."

그러자 그는 "생사람 잡지 말라"면서 펄쩍펄쩍 뛰었다.

"교회 나무입니다."

"우리 나무일세!"

그 집 사람들이 합세하여 크게 화를 내며 고집을 피웠기에 더는 대화를 할 수 없었다. 집에 돌아와 하나님께 기도만 했다.

"하나님! 저 나무는 이미 구별된 대들보인데 저들이 자기네 것이라고 우기니 어찌하면 좋겠습니까? 주님 역사하여 주옵소서."

이렇게 부르짖었다.

하나님은 우리 기도에 응답하셨다. 그 집에 큰 소가 있었는데 갑자기 외양간에서 뛰쳐나와 항아리에 가득 담긴 보리쌀 두 말을 정신없이 먹었다고 한다. 배가 남산만 하게 되더니 배가 터져 죽었다.

그 집에서 사람들이 벌떼처럼 우리 집으로 몰려왔다. 성난 사자처럼 돌변한 그들은 우리 집의 모든 것을 때려 부술 것 같았다.

"왜 그러십니까? 용건을 말씀하십시오."

"너희들이 공동묘지에서 우리 소 죽으라고 기도했지?"

"우리는 그런 기도 안 합니다."

"안 하긴 뭘 안 해! 그렇지 않고서는 저 소가 갑자기 죽어나자 빠질 수 없어!"

그들은 말도 되지 않는 생트집을 잡으며 우리 가족을 위협

했다. 살다 보니 별일도 다 있었다. 그 와중에 나는 "그 나무를 돌려주십시오. 그 나무는 당신의 것이 아닙니다." 하고 요청했다. 그들은 물러설 기세 없이 버티고 서서 나무가 자기네 것이라고 소리 지르며 난리를 피웠다. 그리고 씩씩거리며 대문을 발로 차고 자기 집으로 돌아갔다.

나무를 가져간 사람은 동네 이장 등 마을 사람을 소집했다. 그들 앞에서 이렇게 일장 연설을 했다.

"동네 여러분, 예수쟁이들을 쫓아내야 합니다. 동네를 시끄럽게 하고 분위기를 흐트러뜨리니 내쫓아야 합니다!"

그 자리에 나는 없었다. 그는 동네 사람들을 선동했다. 그 가운데는 나와 함께 신앙생활하는 사람들도 있었다. 분위기가 점점 그 사람 편으로 기울었다.

"김상호가 믿는 예수를 믿지 않겠다는 사람만 이 동네에 살고, 예수 믿겠다는 사람은 이 동네를 떠나야 합니다!"

그러자 교회에 나오던 사람들이 신앙을 포기하고 다시 산신을 섬기겠다고 했다. 예수를 안 믿겠다는 것이다. 그는 '그래도 예수를 믿겠다' 말한 사람에게 달려들어 구타했다. 이 난리 속에 이가 부러지고 얼굴과 머리가 깨지는 사람도 있었다.

물론 이런 어려움 속에서 신앙을 지켜 승리한 사람도 있었다.

우리가 너의 승리로 말미암아 개가를 부르며
우리 하나님의 이름으로 우리 깃발을 세우리니
여호와께서 네 모든 기도를 이루어주시기를 원하노라

—시 20:5

옆집 여자가 헐레벌떡 뛰어와 나를 보고 어서 도망가라고
했다.

"뭐라고요?"

"도망가라니까요!"

"왜요?"

"아니, 지금 길게 얘기할 시간이 없어요. 무조건 도망가야
됩니다."

"그렇게는 못합니다."

나는 무릎을 꿇고 주님께 기도했다.

"주님! 이길 수 있는 힘을 주옵소서."

얼마 후에 동네 사람들과 소 주인 동생이 술을 잔뜩 마시고
손에는 낫을 들고 휘두르면서 나타났다.

"김상호, 나와라! 죽여버리겠다!"

작정하고 온 것 같았다. 살기가 등등하고 무슨 일을 낼 것
같은 분위기였다. 동네 사람들도 무슨 재미있는 구경이라도
하듯 우리를 번갈아 보았다.

절박한 순간이었다. 나는 기도했다.

"주님 말씀해 주십시오. 어떻게 해야 합니까?"

"두려워하지 말라! 내가 너와 함께하리라. 담대하라."

나는 문을 박차고 나갔다. 그 상황이 두려웠지만 주님 말씀
을 생각하면서 '주님 힘을 주세요. 연약한 나를 붙잡아 주세
요.' 하고 기도했다. 순간 온몸에 강한 전류가 흐르는 듯 주님

의 능력이 임하는 것을 느꼈다. 낫을 휘두르며 다가오는 그에게 말을 했다.

"나를 죽이되, 1분만 기도할 시간을 준 뒤에 죽여라!"

나는 하나님께 무릎을 꿇고 큰소리로 기도했다.

"하나님! 나는 성전도 못 짓고 오늘 하나님 나라로 가게 되었습니다. 나는 가지만 저 형제를 감동시켜 주셔서 나를 대신하여 성전을 세우게 하소서. 저 형제를 불쌍히 여겨 주옵소서!"

이렇게 기도할 때 내 눈에서는 눈물이 흘러내렸고, 알 수 없는 기쁨이 임하였다. 그 순간 하늘로부터 강한 힘이 왔다. 나는 그 자리에서 벌떡 일어나 하늘을 향하여 외쳤다.

"주여!"

이 큰 소리에 낫을 휘두르던 청년이 뒤로 나자빠졌다. 그는 거품을 흘리며 간질 환자처럼 되었다. 그러자 구경하고 있던 동네 사람들이 그를 업고 나갔다. 그들은 집으로 돌아가며 말했다.

"야소신이 이겼어!"

엘리야가 그들에게 이르되 바알의 선지자를 잡되 그들 중
하나도 도망하지 못하게 하라 하매 곧 잡은지라 엘리야가
그들을 기손 시내로 데려다가 거기서 죽이니라

—왕상 18:40

예수를 부인한 자들과
원수의 집에 찾아가다

50

나는 다시 무릎을 꿇고 하나님께 감사 기도를 올렸다. 이기게하신 그분께 영광을 돌린 것이다. 나는 지체할 수가 없었다. 예수를 부인한 사람들을 찾아가 권면하고 기도해 주며 위로해 주었다.

그래서 다시 하나님 품으로 돌아오게 했다.

그날 밤 우리는 공동묘지에 모여 하나님을 찬양하며 밤새워 기도했다. 성령의 불이 뜨겁게 쏟아졌다. 서로 끌어안고 눈물을 흘리며 감사 기도를 올렸다.

눈물을 흘리며 씨를 뿌리는 자는

기쁨으로 거두리로다

—시 126:5

보라 형제가 연합하여 동거함이 어찌

그리 선하고 아름다운고

—시 133:1

그런데 거품을 물고 쓰러졌던 사람의 아버지가 갑자기 죽었다는 소식이 들렸다.

어찌 보면 원수의 집이다. 나는 쌀 두 말을 갖고 조문하러 갔다. 삼일장을 치르는 내내 도왔고, 관을 메고 산에 오르며 장지까지 갔다.

장례식장에서 내 모습을 보고 수군대는 소리가 들렸다. 예수쟁이가 이 집에 와서 일하니 재수가 없다고 했다. 또 다른 의견은 예수쟁이는 확실히 뭔가 다르다고 했다. 내가 초상집에 간 것은 오직 주님 한 분 때문이다. 무슨 일을 할 때 주님만 바라보면 시험에 들지 않고 은혜가 넘쳐난다. 그러나 사람을 보기 시작하는 순간부터 마귀의 그물망에 걸려 허덕이게 된다.

—고전 11:1

논을 팔아 성전을 건축하다

51

내가 기도하여 하나님께 응답을 받고 논을 팔아 교회를 건축하려 하자, 이 소식을 들은 동네 사람들이 수군거렸다.

"자네, 소식 들었나?"

"무슨 소식?"

"김상호가 미쳤다는군."

"어떻게 미쳤는데? 옷을 벗고 돌아다니던가?"

"그렇게 미친 것이 아니고, 논을 팔아 우리 동네에 교회당을 세운다는 거야!"

"그 정도까지라고는 생각 안 했는데 정말 미쳤군."

주를 위하여 살고 죽나니

그렇다. 나는 이미 예수 앞에 미친 사람이었다. 내 가정의 상황을 보면 알겠지만 내가 미치지 않고서야 어떻게 살아갈 수 있겠는가? 예수님을 안 믿었다면 미쳐서 이 산골짝 저 산골짝 중얼거리고 돌아다녔을 것이다. 하지만 나는 미쳐도 예수님 안에서 미쳤기에 행복한 사람이고 복 받은 사람이다.

위에서 언급한 사도 바울의 글이 내 상황을 대변해 주는 듯하여 눈물이 난다. 그의 고뇌가 곧 나의 고뇌처럼 느껴진다.

지게에 문짝을 지고 오는 길에

나는 인건비를 아끼려고 애를 썼다. 구병리에서 보은까지 왕복 이백 리(80km)이다. 당시에는 자동차도 보기 드물었고, 산골짜기까지는 버스도 다니지 않았다. 나는 지게를 가지고 백 리를 걸어 보은에 있는 목공소에 갔다. 목공소에서 교회 건축에 사용할 문짝을 지게에 질 수 있는 만큼 지고 다시 교회로 왔다. 결코 쉬운 일이 아니었다. 백 리(40km)를 걸어가는 것도 힘이 많이 든다. 거기서 무거운 문짝을 지고 다시 돌아오기는 더욱 어려운 일이었다.

어느 날 보은에서 지게를 지고 돌아올 때 일이다. 무언가 발바닥에 날카롭게 박히는 느낌이 들었다. 당시 동네 아이들은 엿장수가 끌고 다니던 리어카의 타이어를 펑크 내려고 장난을 쳤다. 아이들이 송판에 못을 박아 땅을 파고 살짝 숨겨 놓았는데, 그만 내가 그것을 밟고 말았다. 내 어깨에 멘 지게와 무거운 짐 때문에 못이 내 발바닥 깊숙이 박혔다.

나는 땅에 주저앉아 발에 박힌 못을 빼면서 고통스러워했다.

바로 그때 머리에 가시관을 쓰고 양손에 못 박힌 예수님이 나타나셨다.

"힘들지?"

"아닙니다."

"내가 너와 함께하마. 네가 기쁠 때도 함께 하지만 고통스러워할 때도 나는 너와 함께한단다. 하늘나라에서 너의 상이 클 것이다."

"주님, 고맙습니다."

주님은 나를 뜨겁게 포옹해주셨다.

십자가 지신 주님이 앞서가시고

응급 상황이었지만 발에 박힌 못을 빼고 별다른 조치 없이 교회를 향하여 걷기 시작했다. 그런데 이상한 일이 벌어졌다. 내 앞에서 누군가 무언가를 지고 가는 모습이 보였다. 자세히 살펴보니, 주님께서 십자가를 지고 앞서가고 계신 것이 아닌가!

"주님! 어찌 된 일입니까?"

"내가 너와 함께한다고 하지 않았느냐?"

우리에게 있는 대제사장은 우리의 연약함을
동정하지 못하실 이가 아니요 모든 일에 우리와 똑같이
시험을 받으신 이로되 죄는 없으시니라

—히 4:15

이에 예수께서 제자들에게 이르시되
누구든지 나를 따라오려거든 자기를 부인하고
자기 십자가를 지고 나를 따를 것이니라

—마 16:24

나는 주님 뒤를 따라가고 있었고, 내 신발에는 붉은 피가 흥건히 젖어 있었다. 이상한 것은 발에 통증이 없었다. 나는 예수님의 뒤를 따라가며 이런 찬송을 불렀다.

"천성에 가는 길 험하여도 생명 길 되나니 은혜로다. 천사 날 부르니 늘 찬송하면서 주께 더 나가기 원합니다."

지금도 생각하면 어떻게 이런 주님의 은혜가 있을 수 있는지 감동에 젖는다. 대못 박힌 것이 그냥 우연이었을까? 그렇지 않다고 본다. 하나님의 깊은 섭리가 있었다. 이 사건을 통하여 주님의 십자가 고통을 백만분의 일이라도 느꼈으니, 그 은혜가 감사할 뿐이다.

주님을 따라 교회에 도착하자, 이미 날이 환하게 밝아 있었다. 왕복 이백 리 길을 나 혼자가 아니라, 주님과 함께 산골짜기 굽이굽이를 돌았던 것이다.

—「캄캄한 밤에 다닐지라도」 찬송가 가사

세상에서도 사랑하는 사람과 함께 걷는 길은 힘들지 않고 기쁘고 즐겁다. 하물며 나의 영원한 신랑인 주님과 함께 걷는데 얼마나 좋으랴. 주님과 함께라면 나는 지옥이라도 두렵지 않다. 그 후에 하나님께서 치료의 광선을 발하셔서 깨끗하게 치료해주셨다.

—말 4:2

처음으로 교회가 세워지다

당시 이 산골에 교회를 건축하면서 흙으로 만든 벽돌을 사용했다.

양쪽 벽을 다 쌓아 놓았기에 이제 지붕만 씌우면 되었다. 그런데 그날 밤 폭우가 쏟아지면서 다 무너졌다. 내 마음은 갈기갈기 찢어지는 것 같았다.

이 과정을 겪으면서 교회를 세우는 일은 보통 정성이 아니면 안 된다는 것을 알았다. 하나님께 더 많이 무릎을 꿇고 기도를 했다.

한 해 뒤, 구병리 마을에 교회가 완공되었다. 얼마나 감격스러운 일인가? 산제당 만들어 놓고 한 해에 두 번씩 제사를 드리던 산골 마을에 교회가 세워지다니….

이 교회가 세워지기까지, 나의 여섯 자녀의 핏값이 고스란히 담겨 있었다. 나와 우리 가족과 성도들의 기도와 눈물과 희생이 녹아 있었다.

비록 조그만 예배당임에도 불구하고 우리 믿음의 식구들은 얼싸안고 좋아하며 성전을 주신 하나님께 감사와 찬양과 기도를 올렸다. 우리 성도들과 나의 피눈물 나는 열매였다.

> 여호와께서는 그의 성전에 계시고 여호와의 보좌는
> 하늘에 있음이여 그의 눈이 인생을 통촉하시고
> 그의 안목이 그들을 감찰하시도다
>
> —시 11:4

사랑방이 교역자 숙소가 되다

52

교회는 건축이 되었지만 사택이 준비되지 않았다. 내 집 사랑방을 교역자 숙소로 사용했다. 아내는 약 5년간 교역자님들 식사를 준비했다. 나는 주의 종을 어떻게 모셔야 하는지 배운 적이 없었다. 내가 이 동네에서 처음 예수님을 믿은 사람이기 때문이다.

다만 하나님 말씀을 보고 기도하면서 하나님이 주시는 깨달음을 실천했다.

시장에 갔을 때 고등어 한 마리를 사면 교역자님 것도 똑같이 사고, 옷이나 과일을 사도 그렇다. 수십 년이 지난 지금까지 지켜오고 있는 일이다.

나는 주의 종을 모실 때 주님이 보내신 사자로 믿고 주님처럼 섬겼다. 이는 내 생각으로 말하는 것이 아니라 주님이 깨우쳐 주신 것이라고 믿는다.

너희를 인도하는 자들에게 순종하고 복종하라 그들은 너희 영혼을 위하여 경성하기를 자신들이 청산할 자인 것 같이 하느니라 그들로 하여금 즐거움으로 이것을 하게 하고 근심으로 하게 하지 말라 그렇지 않으면 너희에게 유익이 없느니라

—히 13:17

비 오는 날에 하는 일

53

산골 마을에 비가 오면 농사를 지을 수가 없다. 그렇다고 잠을 자거나 휴식하지 않았다. 이런 날은 계속 성경을 읽었다. 얼마나 그 말씀이 오묘하고 신비한지 시간 가는 줄 몰랐다.

한편으로는 십일조를 드릴 것을 계산했다. 나는 하나님 앞에 드릴 때 정확하게 계산하여 드린다. 그래서 십일조 계산이 간단하지 않았다.

그러나 너희는 나의 것을 도적질하고도 말하기를
우리가 어떻게 주의 것을 도둑질하였나이까 하는도다.
이는 곧 십일조와 봉헌물이라
—말 3:4

첫 열매는 무엇이든지 하나님께

54

나는 농사를 지으면 무조건 첫 열매는 하나님께 드렸다. 옥수수 농사를 지을 때였다. 큰아들이 동생이랑 옥수수를 따서 구워 먹은 것을 알게 됐다.

"옥수수 구워 먹었냐?"

"옥수수는 본 적도 없고, 밭에 가지도 않았습니다."

"그래, 정말이냐?"

"그럼요. 안 먹었습니다."

하나님 것을 훔친 아간이 되면 안되기에

나는 고민하기 시작했다. 어떻게 해야 할 것인가? 그깟 옥수수 몇 개 구워 먹은 것을 가지고 아이에게 뭐라고 말하는 것이 너무 심한 일은 아닌가? 그냥 지나갈까 하는 생각도 마음 한편에 있었다. 그러나 이는 간단한 문제가 아니라 심각한 일이었다.

우리가 농사를 지어 아직 첫 열매를 하나님께 드리지 않았다.

첫 열매를 하나님께 드리지 않은 상태에서 옥수수를 구워 먹은 것은 용서가 되지 않았다. 이 일을 가만히 놔두면, 하나님 성물을 훔쳐 저주받은 '아간'과 같은 결과를 초래하게 된다.

내 아들을 그렇게 만들고 싶지 않았다.

—수 7:24-25

나는 마음이 몹시 아팠지만 아들을 골방으로 끌고 가서 두 시간이나 매를 들었다.

이 아들에게 그의 일생을 사는 동안 이 일을 각인시키기 위함이었다. 다른 일은 용납을 할 수 있었지만, 하나님에 관한 일에는 추호의 양보도 하지 않았다.

아들이 얼마나 맞았는지 온몸이 퉁퉁 부었고, 이틀 동안 학교를 쉬어야 했다. 지금도 이 일에 대하여는 후회가 없다. 아들을 때린 나는 마음이 아파 이틀 동안 농사일을 손대지 못했다. 그 아들의 영혼을 위하여 기도했다. 아들은 목회를 잘하고 있는데 당시 아비의 마음을 십분(十分) 이해하리라 본다.

—잠 3:12

213

항아리 속에서 찾은 아들

55

나는 주일날이 되기 전에 미리 헌금을 준비해 두었다. 가족에게도 그렇게 훈련 시켰다.

어느 날 교회 주일학교 선생님이 나에게 말했다.

"아드님이 요즘 헌금을 안 합니다."

"헌금을 안 드린다고요?"

"네."

"그럴 리가 없습니다."

"한번 확인해 보세요."

나는 망치로 얻어맞은 것 같았다. '어떻게 된 것인가? 하나님께 드려야 할 예물을 드리지 않다니 있을 수 있는 일인가?'

나는 떨리는 마음으로 아들이 학교에서 돌아오기를 기다렸다.

"너 주일날 헌금하니?"

"그럼요, 잘하고 있습니다."

"주일학교 선생님은 네가 헌금하지 않는다고 하시던데, 너 또 아빠한테 거짓말할래?"

아무 대답을 못하는 아들을 끌고 골방으로 가서 한참 혼낸 후 집에서 내쫓았다. 저 아들을 그냥 두면 하나님 앞에 도적놈이 될 수 있기 때문이었다.

아들이 안 보여요

구병리 마을에 저녁이 찾아왔다. 집집마다 아궁이에 불을 때서 밥을 지었기에 초가집 굴뚝에 뽀얀 연기가 올라가고 있었다. 나는 낮에 아들을 때린 일로 마음이 아팠다. 밥을 잘 차려놓고 아들 오기를 기다렸다. 그러나 아이는 밤 11시가 되도록 돌아오지 않았다.

나는 동네 사람늘과 함께 횃불을 만들어 깊은 산골짝마다 또 가볼 만한 장소를 다 찾아다녔지만 허사였다. 동네 사람들과 나는 지쳐서 툇마루에 잠들었다.

산골 마을에 아침이 찾아왔는데 아들은 보이지 않았다.

별의별 생각이 꼬리를 물고 떠올랐다. '설마, 아니겠지' 하면서 생각을 물리쳤지만, 그럴수록 더 견딜 수 없는 고통이 찾아왔다.

나는 간절하게 기도했다.

"하나님, 우리 아들이 꼭 돌아오게 해주세요. 살아서 돌아오게 해주세요."

아침에 또 아들을 찾아 나섰지만 허사였다. 집에 돌아왔는데 낮 11시쯤 되었을까?

장독대에 갔던 아내가 빈 항아리 뚜껑이 위아래로 움직이는 모습을 발견했다. 아들이 여기에 숨었구나 생각하는 순간, 뚜껑이 올라가면서 "엄마!" 하고 부르는 소리가 났다.

집에서 쫓겨난 후 마땅히 갈 곳이 없던 아들이 빈 항아리 안에 숨어 있다가 잠이 든 것이다. 나는 죽었던 아들이 살아 돌아온 것처럼 아들을 끌어안고 울었고, 동네 사람들도 기뻐했다.

나의 철저한 주일 성수

56

나는 예수님을 믿고 지금까지 주일에 하는 결혼 예식은 가지 않는다. 그런 일이 있을 때면 전날에 미리 가서 축의금을 전달한다. 그러면 신자나 불신자 모두 좋아한다.

또한 나는 주일에 본 교회를 떠나 다른 교회에서 예배를 드려본 적이 없다. 내가 섬기는 교회를 사랑하였고, 나를 통해 세워진 교회에서 죽는 날까지 주일 성수하고자 함이었다.

주님은 나를 위해 하늘에 보좌를 버리고 이 땅에 오셨다. 온갖 고난과 고통을 당하고 십자가에 못 박히셨는데 이 정도 일은 아무 것도 아니다.

교회를 건축하고 지금까지 한 교회를 섬겨 올 수 있음도 감사할 뿐이다.

안식일을 기억하여 거룩하게 지키라

—출 20:8

그다음 안식일에는 온 시민이 거의 다
하나님의 말씀을 듣고자 하여 모이니

—행 13:44

구병교회

성물 훔친 죄로 소 한 마리를 바치다

57

비가 많이 와서 집 지붕이 내려앉았다. 지붕을 세우기 위해 교회당을 짓다 남은 기둥을 가져다가 사용했다. 어찌된 일인지 그날부터 사흘 동안 몹시 아파 기도했다.

"하나님, 나의 병을 고쳐 주소서"

순간 환상이 보였는데, 주님이 이렇게 말씀하셨다.

"왜 나의 성물을 네 마음대로 네 집에 사용하느냐?"

하나님의 무서운 책망이 임했다. 나는 두려워 떨며 '어떻게 하나님께 보상할 것인가?' 하고 기도하는 중에 소 한 마리를 바쳐야겠다는 생각이 들었다.

인간의 생각으로 보면, 남은 기둥을 가져다 쓴 것을 별일 아닌 것처럼 여길 수 있다. 하지만 하나님께서 보실 때 크고 작은 것을 막론하고 하나님의 물건을 내 마음대로 이용한 것은 용서받지 못할 큰일이다. 얼른 회개하고 돌이켜야 한다.

나는 이 사건을 계기로 하나님의 성물을 도적질하지 않겠다고 결심했다. 오늘날 교회 물건을 거룩하게 여기기보다는 개인의 소유물보다 더 함부로 다루고, 소중하게 여기지 않는 경우가 많이 있다.

누구든지 여호와의 성물에 대하여 부지중에 범죄하였으면

여호와께 속건제를 드리되 네가 지정한 가치를 따라

성소의 세겔로 몇 세겔 은에 상당한 흠 없는 숫양을

양 떼 중에서 끌어다가 속건제로 드려서

—레 5:15

나의 추수 감사절

58

나는 추수 감사절이 되면 한 해 농사지은 모든 곡식의 십분의 일을 하나님께 바친다. 주일 아침에 쌀, 옥수수, 감자, 팥, 메밀, 콩, 깨 등을 교회로 가져갔다.

동네 사람들은 저렇게 하나님께 다 드리면 집이 망할 것이라고 수군댔다. 아들도 한마디 했다.

"아버지, 우리 집은 이상해요."

"뭐가?"

"저 앞집 집사님은 쌀 한 말만 가지고 교회 가던걸요."

"그래서?"

"우리 집도 그렇게 하면 되지 않나요?"

나는 예수님을 믿고 영의 세계를 본 후부터 철저히 하나님 중심으로 바뀌었다. 하늘나라 나의 창고에 '양말 열 켤레와 가마니 열 장'은 나의 가치관을 완전히 변화시켰다. 그때부터 주님께 소망을 두며 설령 내 모든 것을 드려 거지가 된다 해도 하나님께 드리는 것은 소홀함 없이 하려고 노력했다.

너희는 너희 하나님 여호와께서 자기 이름을 두시려고
택하실 그 곳으로 내가 명령하는 것을 모두 가지고 갈지니

곧 너희의 번제와 너희의 희생과 너희의 십일조와
너희 손의 거제와 너희가 여호와께 서원하는
모든 아름다운 서원물을 가져가고

—신 12:11

너는 네가 추수한 것과 네가 짜낸 즙을 바치기를
더디하지 말지며 네 처음 난 아들들을 내게 줄지며

—출 22:29

교통사고 보상금으로
교회 봉고차 구입

59

동네 사람들과 함께 보은에 비료를 사러 나갔다. 그때 술을 먹고 운전하던 어떤 청년이 앞에 있던 차를 피하려다 나를 치고 말았다. 나는 대전의 큰 병원으로 이송되면서 기도를 드렸다.

"하나님 감사합니다. 제가 아직 사명이 있어 죽지 않았습니다. 생명을 구원해 주셔서 감사합니다."

이렇게 감사 기도를 드렸다.

범사에 우리 주 예수 그리스도의 이름으로

항상 아버지 하나님께 감사하며

—갈 5:20

병원에서 성경 읽고 기도와 찬양

나는 엉치뼈가 부러져서 1년간 병원 신세를 졌다. 다리에 깁스를 할 수 없기에 한 다리를 묶어 공중에 매달아 놓았다. 그때의 1년은 내 인생에 있어서 고통스럽기도 했지만 의미 있는 귀한 시간이었다.

그동안 나는 농사꾼으로 아침부터 해질 때까지 땀을 흘리며 쉴 틈 없이 일했다. 밤에는 부르짖어 기도하며 바쁜 인생을 살아왔다. 그런데 주님은 나를 사랑하셔서 더 많이 성경을 읽고 기도하고 찬양할 수 있는 시간을 주신 것이다.

한 해 뒤, 교통사고 보상금 삼백만 원을 받았다. 이 돈은 나의 핏값이라 볼 수 있었다. 십일조는 하나님께 드리고, 보상금은 내 개인의 용도로 사용할 수 있었다. 아마 대다수 크리스천은 이렇게 할 것이다.

나는 어떻게 해야 할지 깊이 기도했다. 주님의 음성이 들렸다.

"다 드려라. 하나님께 다 드려라. 너의 핏값을 다 드려라. 나는 그것을 다 받기 원하노라."

주님의 음성에 순종하여 삼백만 원을 헌금으로 드렸다. 산골 마을 교회에 봉고차가 없었는데, 그것으로 차를 구입했다. 내 나이 60대 초에 대형 교통사고를 당했지만 하나님이 깨끗이 치료해 주셨다. 오늘까지 사고 후유증 없이 잘 지내고 있다.

그 후로도 80kg의 쌀가마니를 번쩍 들어 올리는 데 아무 지장이 없었다. 건강을 주신 하나님께 감사를 드린다. 한 가지 언급하고 싶은 것은 성도 중에는 교통사고가 나면 불신자들보다 보상금을 더 받아 내려고 애쓰면서도, 그 후에 하나님께 드리는 것은 인색한 사람이 많다.

이런 경우 죽음에서 구원받은 것이므로, 더 많은 것을 하나님께 드려 선교 사역에 쓰여야 할 것이다.

교회 재정이 부족할 때마다 판 소들

60

교회에서 재정을 맡은 분들 중에는 하나님의 재정을 자기 사업의 용도로 사용하거나, 횡령하고 도망가는 경우가 있다. 교회 재정을 가져간 후, 갚지 않는 사람도 있다.

또 이떤 교회에서는 선교헌금 담당자가 선교비를 보내지 않고 개인적으로 사용하는 경우가 있다. 선교비를 받는 쪽에서는 돈이 오지 않아도 왜 보내지 않느냐고 연락하기가 쉽지 않다. 받는 쪽이 약자이기 때문이다. 그래서 재정부에서는 영수증을 반드시 받아야 한다.

하나님의 재정을 자기 개인의 용도로 사용하거나 횡령하는 자들에게는 하나님의 무서운 심판이 기다리고 있다.

> 베드로가 이르되 아나니아야 어찌하여 사탄이
> 네 마음에 가득하여 네가 성령을 속이고 땅값 얼마를 감추었느냐
>
> —행 5:3

내가 시골에서 교회 재정을 40년간 맡다 보니 늘 재정이 부족했다. 나는 부족한 재정을 어디 가서 빌리기보다는 집에 있는 소들을 팔아 채우곤 했다.

나라고 해서 왜 소들이 아깝지 않겠는가? 살림도 해야 하고 자녀 교육 등 필요한 돈은 끝이 없다. 그런데 교회 재정이 부족해 하나님께 무릎 꿇고 기도하면, 외양간에 있는 소들을 떠올려 주셨다. 왜 생각나게 하신 것일까? 그 소들을 팔아 바치라는 뜻이 아니겠는가?

그때는 망설임 없이 소 시장으로 팔러 갔다. 내 영혼과 가족을 구원해 주신 주님께 무엇을 못 드리겠는가? 이 이야기가 교회 재정을 횡령하는 자들에게 교훈이 되었으면 한다.

양로원과 고아원 방문

61

해마다 나는 봄과 가을이 되면 양로원과 고아원을 찾아간다. 나는 평생 내 돈으로 양복을 사 입은 적이 없다. 그런 돈을 모아두었다가 오갈 데 없는 노인들과 고아를 돕는다. 이 얼마나 보람된 일인가?

신명기 16장 14절에 보면 '절기를 지킬 때에는 너와 네 자녀와 노비와 네 성중에 거주하는 레위인과 객과 고아와 과부가 함께 연락하되'라고 했다. 야고보서 1장 27절에는 '하나님 아버지 앞에서 정결하고 더러움이 없는 경건은 곧 고아와 과부를 그 환난 중에 돌아보고 또 자기를 지켜 세속에 물들지 아니하는 이것이니라'라고 했다.

하나님의 관심은 사회의 약자들이다. 구약과 신약 성경의 많은 말씀을 통하여 우리에게 돌볼 것을 말씀하셨다. 우리 성도들은 이런 약자들을 가족처럼 돌봐야 할 책임이 있다. 그렇지 않다면 참된 성도가 아니다.

네가 밭에서 곡식을 벨 때에 그 한 뭇을
밭에 잊어버렸거든 다시 가서 가져오지 말고

나그네와 고아와 과부를 위하여 남겨두라.
그리하면 네 하나님 여호와께서 네
손으로 하는 모든 일에 복을 내리시리라

—신 24:19

그의 거룩한 처소에 계신 하나님은
고아의 아버지시며 과부의 재판장이시라

—시 68:5

쌀 두 말과 장례식

62

우리 동네에서 초상이 나면 쌀 두 말을 가져가고 초상집의 궂은 일을 도맡아 한다. 그리스도의 사랑을 전하기 위해서이다. 요즘 말로만 끝내는 크리스천이 얼마나 많은지 모른다. 뭐든지 입으로만 할 뿐, 행동은 불신자보다 못하다.

그래서 예수 믿는 사람이 세상에서 욕을 먹는 경우가 많다. 자기만 욕먹으면 괜찮지만, 교회까지 욕먹게 하고 하나님의 영광을 가리게 된다.

나는 예수 믿을 때부터 결심한 것이 있다. 행함 있는 성도가 되자. 행함 없는 믿음은 죽은 믿음이라고 했다. 행동하는 신앙 인이 되자.

> 내 형제들아 만일 사람이 믿음이 있노라 하고
> 행함이 없으면 무슨 이익이 있으리요
> 그 믿음이 능히 자기를 구원하겠느냐 …
> 이와같이 행함이 없는 믿음은 그 자체가 죽은 것이라
>
> ─약 2:14-17

예전에 동네에 초상이 났을 때였다. 장지까지 따라갔는데,

그중 술에 취한 사람이 절벽에서 떨어져 죽었다. 머리의 절반
이 깨져 피투성이가 되었고, 누구 하나 거드는 사람도 없었다.
그때 나는 그를 들쳐업고 산에서 내려와 다시 초상을 치러 주
었다.

동네 사람들은 이렇게 말했다.

"예수 믿으려면 김상호처럼 믿어야 돼."

"그럼, 그렇게 믿어야지."

"진짜 예수쟁이야."

"그럼, 그렇고말고."

이구동성으로 이렇게 말했다. 말보다는 행동이 중요하다.

지혜자의 마음은 초상집에 있으되

우매한 자의 마음은 혼인집에 있느니라

―전 7:4

매일 기도 10시간

63

예수님을 믿기 시작한 후부터 인생의 낙이 있다면 기도 생활이다. 아랫마을 교회에 가서 말씀을 듣고 집에 오면 남은 시간은 대부분 기도하며 보냈다. 하나님은 내가 아뢰는 사연을 들으실 것이다. 나는 산에서 기도하고 교회에서 기도하였다.

또 하루의 생활 속에서 틈틈이 기도했다. 교회가 세워진 후에는 저녁밥을 먹고 교회에 가서 철야 기도하는 것이 일과였다. 본당에 들어가 편안하게 기도하다 보면 졸음이 올 것 같았다.

본당에 들어가기 전 출입문 근처에 장의자 한 개가 놓여 있는데 그곳이 내 기도 자리였다.

편안한 본당이 아니라 현관 출입구 근처 의자에서 밤새 기도했다. 종일 농사일을 하고 저녁마다 교회에 와서 철야 기도한다는 것은 쉽지 않았다.

그래도 매일 밤을 새워 기도했다. 하루 기도 시간을 합하면 10시간은 족히 될 것이다.

내 기도하는 그 시간 그때가 가장 즐겁다.
이 세상 근심 걱정에 얽매인 나를 부르사
내 진정 소원 주 앞에 낱낱이 바로 아뢰어
큰 불행 당해 슬플 때 나 위로받게 하시네
—「내 기도하는 그 시간」 찬송가 가사

구병교회 출입구에 있는 기도 의자

나체가 된 정신병 환자를 고치다

64

A 씨는 노름을 하던 중 돈이 떨어졌다. 집에 가서 돈을 가져오려고 지름길인 공동묘지를 지나게 되었다. 그런데 어떤 사람이 자기 이름을 부르기에 뒤돌아보았는데 그때 그 사람 속으로 귀신이 들어갔다. 그 후 그는 힘이 장사가 되었고, 옷을 벗고 온 동네를 날뛰며 돌아다녔다.

사람들은 교회에서 이 사람을 고쳐야 한다며 데려왔다. 나는 그를 치료하기 위해 금식하며 밤새워 철야 기도 했다. 이렇게 계속 기도하던 중이었다. 누군가 내 등을 치며 "기도해야지 왜 주무십니까?"라고 했다.

나는 깜짝 놀랐다. '그렇지, 기도해야지. 내가 잠이 들었네.' 정신을 차리고 또 기도에 정진했다. 주위에는 아무도 없었다. 나 혼자 기도하고 있었는데 천사가 깨운 것 같았다.

환자에게 있던 뱀이 나가다

열나흘쯤 되는 어느 밤이었다. 기도하던 중 환상이 보였다. 그 정신질환을 앓던 환자 속에서 큰 살모사 뱀이 나왔다. 내가 몽둥이로 뱀을 후려치자 뱀이 멀리 도망갔다. 이 환상을 본 후, 그 환자는 온전한 정신으로 돌아왔다.

이 일로 동네에서 잔치가 열렸다. 동네 사람들은 "과연 하나님은 살아 계시다"라고 말했다. 그로 인해 불신자들이 교회로 몰려왔다. 하나님의 영광이 하늘에 충만했다.

고침 받은 A 씨는 교회 재정을 맡아 보는 집사가 되었다. 이 얼마나 기쁜 일인가? 이것이 바로 사도행전의 역사라고 믿는다.

눈물없는 회개 기도는
회개가 아니다

65

어느 날 밤 열두 시경에 주님이 됫박을 가지고 나타나셨다. 그 안에는 쌀이 가득 담겨 있었다. 쌀이 희고 깨끗해야 하는데, 오염되어 보기에도 더러웠다.

"주님, 이것이 무엇입니까?"

"보면 모르느냐?"

"쌀이지요. 그런데 왜 이렇게 더럽습니까? 이 쌀로는 밥을 못 짓겠네요."

"그렇다. 이 쌀로는 밥을 하지 못한단다."

"그런데 무엇 때문에 이 쌀을 보여 주시나요?"

"지금 네 심령이 이와 같단다."

"예, 어떡하면 좋습니까?"

주님은 아무 말씀도 하지 않고 마치 임무가 끝난 것처럼 나를 떠나려고 했다. 마음이 다급해진 나는 생명을 걸고 주님을 좇아갔다. 내가 주님을 놓쳐 버리면 영원히 뵙지 못할 것 같았다. 두렵고 떨렸다. 지난번 지옥 경험을 분명히 했기 때문이다.

눈물로 회개할 때 회개로 받으심

이런 심령의 상태로는 하나님께 갈 수 없기에 주님의 저고리를 꽉 잡았다. 주님이 동쪽으로 가면 동쪽으로, 서쪽으로 가면 서쪽으로 갔다. 주님께 이렇게 부탁했다.

"주님! 나의 죄를 용서해 주세요."

"네가 무엇을 잘못했느냐?"

"제가 주님 뜻대로 산다고 말은 했지만, 이렇게 제 심령이 더러워졌는지 몰랐습니다. 나의 애타는 부르짖음을 들으시고, 나의 죄를 사하여 주옵소서."

밤새도록 주님께 사죄했다.

> 야곱은 홀로 남았더니 어떤 사람이 날이 새도록
> 야곱과 씨름하다가 자기가 야곱을 이기지 못함을 보고
> 그가 야곱의 허벅지 관절을 치매 야곱의 허벅지 관절이
> 그 사람과 씨름할 때에 어긋났더라. 그가 이르되
> 날이 새려 하니 나로 가게 하라. 야곱이 가로되
> 당신이 내게 축복하지 아니하면 가게 하지 아니하겠나이다.
> 그 사람이 그에게 이르되 네 이름이 무엇이냐.
> 그가 이르되 야곱이니이다
>
> —창 32:24-27

새벽쯤 되었을 때 주님이 내 머리에 손을 얹어 주셨다.

"네 죄를 사하노라."

"주님! 고맙습니다."

주님께서 됫박 안의 쌀을 다시 보여 주셨다. 이번에는 티끌 하나 없는 깨끗한 쌀로 변해 있었다.

"주님! 어떻게 더러운 쌀에서 이렇게 변했지요?"

"내가 그렇게 했단다."

"고맙습니다. 주님, 주님만이 영원히 영광을 받으소서."

주님은 다시 한번 말씀하셨다.

"너희가 죄를 짓고 회개 기도할 때 눈물이 없다면 진정한 회개가 안된다. 나는 너의 진정한 눈물을 보았노라."

"주님! 제 눈물의 기도를 받아주시니 고맙습니다."

주님은 이렇게 나도 모르게 혼탁해진 심령을 기도를 통하여 알려 주셨다.

나는 또 눈물을 흘려 회개하며 한 걸음씩 천성문을 향하여 걸어간다. 아직 기도의 사명이 있기에 주님이 부르시는 그날까지 멈추지 않을 것이다.

주와 같이 길 가는 것 즐거운 일 아닌가
우리 주님 걸어가신 발자취를 밟겠네
한 걸음 한 걸음 주 예수와 함께
날마다 날마다 우리는 걷겠네
—「주와 같이 길 가는 것」 찬송가 가사

공동묘지 기도 동지인 아들

66

나는 기도할 때마다 큰아들을 데리고 다녔다. 교회나 공동묘지 등 어느 곳이나 함께했다. 당시에는 하나님의 깊은 뜻을 헤아릴 수 없었다. 지금 생각하니 하나님께서 주의 종으로 부르시려는 계획이 있었다.

내가 주님의 이름으로 정신질환을 앓는 사람들 속에 있는 귀신을 내쫓을 때도 같이 있었다. 공동묘지에서 생명 바치는 기도를 할 때도 아들은 내 모습을 보면서 자랐다.

현재 목회 현장에 있는 아들은 '이 세상에서 나의 최고의 스승은 어떤 훌륭한 목사가 아닌 나의 아버지였다. 어린 시절부터 아버지의 기도와 행동을 보고 성장했지만, 지금까지 아버지 같은 분을 만나 본 적이 없다.'라고 고백했다.

내 자랑하는 것 같지만, 아들에게 존경받는다는 것은 쉽지 않다. 지금까지 내 행위는 가족에게 잘 보이려는 것이 아니었다.

주님께 잘 보이고 주님의 마음과 삶을 조금이라도 본받으려 했을 뿐이다. 내가 이 땅에서 살 날은 얼마 남지 않았지만, 목회자 아들에게 인정받으니 마음이 기쁘다. 더욱이 주님께 칭찬받는 종이 될 수 있다면 무엇으로도 그 기쁨은 표현할 수 없을 것이다.

전제와 같이 내가 벌써 부어지고 나의 떠날 시각이 가까웠도다
나는 선한 싸움을 싸우고 나의 달려갈 길을 마치고 믿음을 지켰으
니 이제 후로는 나를 위하여 의의 면류관이 예비 되었으므로 주 곧
의로우신 재판장이 그날에 내게 주실 것이며 내게만 아니라 주의
나타나심을 사모하는 모든 자에게도니라

—딤후 4:6-8

벌거벗고 운동장에 서 있는 나

67

어느 날 환상 중에 본 장면이다. 내가 큰 운동장에 서 있는데, 수많은 성도가 흰 세마포를 입고 있었다. 잔칫집 분위기 속에서 그들은 기뻐 뛰며 주님을 찬양했다.

그런데 내 모습을 보니, 홀딱 벗고 서 있는 것이 아닌가? 나는 너무나 수치스럽고 창피해서 주저앉았다. 숨을 곳을 찾아도 보이지 않았다. 그때 주님의 음성이 들려왔다.

그들이 그 날 바람이 불 때 동산에 거니시는
여호와 하나님의 소리를 듣고 아담과 그의 아내가
여호와 하나님의 낯을 피하여 동산 나무 사이에 숨은지라
여호와 하나님이 아담을 부르시며 그에게 이르되
내가 동산에서 하나님의 소리를 듣고 내가 벗었으므로
두려워하여 숨었나이다

—창 3:8-10

"하나님의 나라는 옷을 입지 않고는 들어올 수 없다."
"그런데 주님, 저는 지금 옷이 없어요. 어찌하면 좋을까요?"
뜨거운 눈물이 심령 깊은 곳에서 흘러나왔다. 이 회개의 눈

물을 주님께서 받으셨다.

"너에게 흰옷을 입혀주노라."

주님께서 친히 옷을 입혀주셨다. 조금 전만 해도 운동장에서 나 혼자 벗고 있었는데, 주님께서 옷을 입혀주신 것이다. 얼마나 기쁜지 하늘을 날아오를 것 같았다.

이 옷은 나 혼자만 입는 것이 아니요, 창세 이후 예수 이름으로 구원받은 모든 성도가 입는다. 나는 이제 이 흰옷을 입고 천국 잔치 자리에 참석할 것이다.

보라 내가 도적같이 오리니 누구든지 깨어
자기 옷을 지켜 벌거벗고 다니지 아니하며
자기의 부끄러움을 보이지 아니하는 자가 복이 있도다

—계 16:15

자기 두루마기를 빠는 자들은 복이 있으니
이는 그들이 생명나무에 나아가며 문들을 통하여
성에 들어갈 권세를 받으려 함이로다

—계 22:14

단식 6일째 쓰러지면서 무당 장모 전도

68

 장모님이 우리 집에 잠시 머물 때의 일이다.

"어머님! 예수님을 믿고 구원받으세요."

"자네나 잘 믿게."

"아닙니다. 장모님도 구원받으셔야 합니다."

"나는 내가 믿는 신이 따로 있어."

"그 신은 참신이 아닙니다."

"여보게, 종교는 자유가 아닌가? 나는 나대로, 자네는 자네대로 믿으면 된다네."

"그게 그렇지 않습니다."

"뭐가 그렇지 않아? 신을 바꾸면 내게 큰 환난이 오고 귀신이 해코지한단 말이야. 말처럼 그게 쉬운 일이 아니야."

"장모님 생사가 달린 문제입니다."

"무슨 생사가 달렸다는 말인가?"

"죽음 후에도 또 다른 세상이 존재합니다. 예수님을 믿지 않으면 영원한 지옥 불에 고통을 당합니다."

"무슨 사후의 심판이 있어? 죽으면 다 끝이지."

"정말 있습니다."

예수님을 믿겠다고 할 때까지는

내가 아무리 설득해도 전혀 미동도 하지 않았다. 이제 어떡해야 할까? 내가 가본 지옥은 일분 일초도 견딜 수 없는데 친어머니는 아니어도 아내의 어머니가 아닌가? 지옥 가는 것을 뻔히 보면서 전도하지 않는다면 훗날 누구에게 그 책임이 있겠는가?

지금 내 집에 머물고 계신 것은 전도하라고 주님께서 마지막 기회를 주신 것이다. 어떻게 해야 될까 생각하면서 날마다 기도했는데, 단식이 떠올랐다. 이것이 바로 하나님의 응답이라고 생각한 나는, 농사를 짓는 중노동 속에서도 계속 단식하며 기도하리라 마음먹었다.

"어머니가 예수님을 믿는다고 할 때까지 나는 물도 안 마시고 밥도 안 먹겠습니다."

"뭐라고, 자네 왜 그러나? 종교는 자유라고 내가 여러 번 말하지 않았나? 괜히 고집부리지 말고 밥 잘 먹고 농사지어야지 그게 무슨 말인가?"

"어머니의 뜻을 알았으니까 나는 나대로 합니다."

나는 밥과 물 등 모든 음식물을 금하고 농사일을 했다. 일하는 곳이 평지가 아니라 산을 오르락 내리락해야 했다. 뜨거운 태양이 내리쬐고 몸에는 땀이 비 오듯 했다. 밥뿐 아니라 물도 마시지 않으니 보통 고역이 아니었다. 하루에 밥을 몇 번씩 먹어도 허기지는 곳이다.

생명을 바친 기도는 영혼 구원 응답으로

첫날에는 대수롭지 않게 나를 바라보던 장모님도 3일이 지나자 걱정스러운 눈치였다. 이때를 놓치면 장모님 영혼의 구원은 다시 오지 아니하리라 생각되었기에 더욱 단식하며 매달렸다. 이제 나에게 한계가 왔다. 여섯째 날이 되었을 때 쓰러진 것이다.

장모님은 자기 때문에 이렇게 되었다고 안절부절못했다. 내가 무엇을 요구하면 그 어떤 것도 다 들어줄 분위기였다. 장모님이 내 손을 잡더니 이렇게 말했다.

"여보게."

"예"

"어떻게 해야 되겠는가?"

"다른 것은 없습니다."

"예수 믿으라는 것 빼고는 다 들어주겠네."

"예수님을 영접하지 않으면 저는 이대로 죽을 것입니다."

"나도 어쩔 수 없구나. 이러다가는 하나밖에 없는 사위가 죽을 텐데… 지금까지 내가 섬겨 오던 모든 신을 버리고 이제부터 자네 따라 예수 신을 섬기겠네."

"정말이십니까, 장모님?"

순간 가슴속에 뜨거운 눈물이 흘렀다. 이 눈물은 꼭 나의 눈물로만 느껴지지 않았다. 갈 길을 잃어버리고 이산 저산 헤매던 어린양이 가시에 찔려 피투성이가 되어 방황하다가 목자를 만나 그 품에 안기게 되었을 때 흘리던 기쁨의 눈물, 바로 주님의 눈물이었다.

이렇게 해서 무당이었던 장모님을 하나님께 인도했다. 얼마나 기뻤는지 하늘나라의 기쁨과 똑같았다. 이것은 나의 승리였지만, 주님의 승리이기도 했다. 왜냐하면 주님께서 작전 계획표를 내게 전달해 주셨고, 나는 그대로 따랐기 때문이다.

나는 단식 기도 엿새 만에 장모님이 하나님께 돌아오리라고는 생각하지 못했다. 왜냐하면 평범한 사람이 아니었고 무당으로 잔뼈가 굵었기 때문이다. 내가 단식한다고 돌아올 사람이 아니었다. 무당으로 살면 영원한 불지옥으로 갈 수밖에 없기에, 저 영혼을 위하여 이 한 목숨 바쳐야겠다고 각오했다. 단식하다가 죽으려고 했던 것이다.

—에 4:16

하나님께서 이 부족한 종의 단식과 눈물의 기도를 받고 장모님을 구원해 주셨다. 모든 영광을 주님께 돌린다. 이제는 천국에 계시지만 훗날 다시 만나게 될 때 얼마나 기쁠까?

오늘날 교회에서 전도에 대한 여러 가지 방법이 개발되고 있다. 아무리 좋은 방법이라고 해도 전도할 때 가장 중요한 것은 '생명을 바친 기도가 없이는 남의 생명을 살릴 수 없다'는 사실이다.

—고전 2:4

마귀 나라에서 생명 나라로 옮기고, 마귀에게 붙잡혀 있는 사람을 천국 백성이 되게 하려면, 마음을 다해 간절하게 기도해야 한다. 거듭 당부하지만 생명을 걸고 혼신의 힘을 다해 기도해야 하나님이 응답하신다.

예수님의 사랑으로
42년 무당 누님 전도

69

우리 누님이 42년 동안 무당 생활을 하다가 중풍에 걸렸다. 나는 무당을 섬기는 사람들이 젊을 때는 무엇이나 잘되고 돈도 비는 것 같지만, 끝자락에 가면 가난과 고통 속에서 아주 비참하게 생을 마감하는 것을 많이 보았다.

망설이지 말고 하나님을 찾자

우리 크리스천도 늙으면 병들고 고통당할 수는 있지만, 천국이 기다리고 있기에 평안하게 웃으면서 죽을 수 있다. 예수님을 믿지 않는 사람들이 당하는 고통과 믿는 사람들의 고통이 같지 않다. 혹시 이 책을 읽는 사람 중에 무속에 종사하는 분이 있다면, 지금 하나님께서 부르고 계시니 잠시도 지체하지 말고 하나님을 찾기 바란다.

우리 누님은 내가 살모사에 물려 죽어 갈 때 이렇게 말했다.

"이 새끼 죽으면 장례도 치르지 마세요."

내 얼굴에 침을 퉤퉤 뱉고 떠났다. 하지만 금방 죽을 것 같던 나는 오랜 세월 동안 건강하게 살고 있고, 누님은 중풍에 걸려 죽게 되었다. 누님 가족은 누님을 버리고 멀리 떠났다.

젊은 날 귀신에게 이용당하고 인생 마지막에는 가족에게도 버림받은 것이다.

우리 집에 머무는 약 한 해 동안 우리는 누님의 대소변을 받아내면서 보살폈다. 온 집안에 퀴퀴한 냄새가 가득 찼지만 예수 사랑의 향기는 계속되었다. 여섯 달 동안 전도를 계속했는데도 반응이 없었다. 그래도 낙심하지 않고 전도를 했는데, 8개월 쯤 되던 어느 날이었다.

"동생."

"네, 누님."

"정말 고마워."

"무엇이 고맙다는 말씀입니까?"

"옛날에 네가 독사에 물렸을 때 저주하고 침까지 뱉은 내가 아닌가?"

"지나간 일인데요."

"아니야. 정말 고마워. 내가 중풍에 걸렸다고 내 아들도 나를 버리고 도망갔는데, 동생이 나를 거둬 주어서 말이야."

"누님, 누님과 저는 남매가 아닙니까?"

"그래도 너무 고마워. 어떻게 이런 사랑을 나에게 베풀 수 있었는가?"

"누님, 저는 못하지요. 누님 몸에서 난 아들도 버리고 갔잖아요. 동생이라고 할 수 있겠어요?"

"그렇지."

예수님의 사랑으로 돌보다

"제가 이렇게 하는 것은 예수님의 사랑이 있기 때문입니다."

"예수 사랑이라고?"

"그렇습니다. 예수님의 사랑이 아니면 누님을 돌볼 수 없었을 것입니다."

"그럼 예수 사랑 때문에 나를 돌보았다는 말이냐?"

"그럼요. 예수님의 사랑 때문이지요. 누님이 살면 얼마나 사시겠습니까? 이제 삶이 얼마 남지 않았는데 예수님 영접하고 천국에 가야 하지 않겠습니까? 유황 불 속에 계신 아버님을 만나 본 적이 있는데 그곳에 가면 안 되겠더라고요. 제 핏줄인 누님만은 꼭 구원하고 싶습니다."

"정말 죽음 후의 세계가 있을까?"

"누님, 저를 보시면 알잖아요."

"그래, 너를 보면 하나님이 살아 계신 것도 같아."

"동생 말을 믿지 않고 누구 말을 믿는다는 말입니까? 이제 예수님을 영접하세요."

"그래. 네가 믿는 예수 신을 받아들이겠어. 그런데 내가 섬기던 신이 노하지 않을까?"

"누님, 걱정하지 마세요. 하나님은 신 중에 신이시고 하나님 외에 다른 신은 없습니다. 지옥 나라의 권세도 하나님의 손에 달려 있어요."

"동생, 고마워."

"제가 오히려 고맙습니다."

"왜?"

"그런 게 있어요. 한 영혼을 전도하면 하늘나라에 가서 금면류관을 받거든요."

"그럼 나는…."

"누님은 영혼을 구원받은 것만으로도 하나님께 감사해야지요."

"그렇구만, 동생."

나는 그 누님을 끌어안고 통곡을 하며 하나님께 영광을 돌렸다.

한 해 동안 우리 가족은 식사 수발과 대소변을 받아 내고 목욕시키며 보살폈다. 누님의 임종 시간이 가까워지자 우리는 찬송가를 부르기 시작했다.

천국에서 만나보자 그날 아침 거기서
순례자여 예비하라 늦어지지 않도록
만나보자 만나보자 저기 뵈는 저 천국 문에서
만나보자 만나보자 그날 아침 그 문에서 만나자
─「천국에서 만나보자」 찬송가 가사

누님은 마지막으로 손을 내밀며 말했다.

"고맙다. 상호야."

"평안히 눈을 감으세요."

"저 하늘나라에서 꼭 만나자."

"예"

누님은 평안히 잠을 자듯이 이 땅을 떠나 주님 나라에 입성했다. 나는 장모님에 이어 또 한 사람의 무당을 전도하여 천국으로 보내 드렸다.

한 사람 영혼을 구원하는 것은 너무나 큰 기쁨이다. 이 기쁨을 아는 사람은 가만히 있지 않고 때를 얻든지 못 얻든지 전도한다.

하기야 자기 영혼 구원의 확신도 없는데 어떻게 남의 영혼을 구원할 수 있으랴. 이런 상황에 있는 성도라면 자신의 구원 문제에 대하여 철저히 검증해 보아야 한다.

정말 너희 속에 하나님의 영이 거하시면
너희가 육신에 있지 아니하고 영에 있나니
누구든지 그리스도의 영이 없으면
그리스도의 사람이 아니라

—롬 8:9

3년 동안 모신 사랑방 할머니

70

요즘 신문 지상과 방송에서 심심치 않게 보도되는 사건이 있다. 늙은 부모를 버린다고 한다. 나이 들고 병들고 돈이 없으니 그런 현상이 벌어진다.

애완견을 키우다가 병이 들면 멀리 가서 버리고 오는 경우가 있다. 집을 못 찾게 말이다. 사람이 개꼴이 되고 말았다. 그래도 애완견은 병이 들면 병원에서 고쳐 같이 살아가는 경우가 있다.

그러나 버림받은 노인은 아무도 돌아보려고 하지 않는다.

나는 오갈 데 없는 외로운 할머니를 3년 동안 사랑방에 모신 적이 있다. 결혼도 다섯 번이나 했는데, 자식이 없는 불쌍한 할머니였다. 그녀는 마지막 삶을 우리와 함께했다.

오직 선행으로 하기를 원하노라.

이것이 하나님을 경외한다 하는 자들에게 마땅한 것이니라

—딤전 2:10

가난한 자를 불쌍히 여기는 것은 여호와께 꾸어 드리는 것이니 그의 선행을 그에게 갚아 주시리라

—잠 19:17

소백산 스님 전도

71

주변에 보면 전도를 쉽게 생각하는 사람이 많다. 하지만 전도가 마음대로 되는 것은 아니다. 자신을 희생해서 예수 사랑을 보여 주어야 예수님을 믿게 된다. 내가 스님을 전도한 사례를 말하고자 한다.

소백산에서 중노릇하던 사람이 구병리에 왔다. 그에게는 집이 없기에 교회 옆의 집을 사용하도록 했다. 그는 평생 부처를 섬긴 사람이었다. 주일에는 교회에서 예배를 드렸다. 개종한 것이 아니라 예의상 형식적으로 나와 준 것이다.

종교 다원화는 가짜 길

명절 때 우리 집에 모셔 음식을 잘 대접했다. 옷이 없는 그에게 옷도 나눠 주었다. 나는 그를 전도하고 싶었지만 좋은 생각이 떠오르지 않았다.

"스님! 예수님을 영접하시지요."

"제가 매 주일 교회 나가지 않습니까?"

"그런 거 말고 진정 예수님을 영접했으면 좋겠습니다."

"종교는 다 같은 것입니다."

"다 같다니요?"

“보은에 가서 버스 타고 서울에 갈 수도 있고, 구병리에서 걸어서 서울까지 갈 수도 있습니다. 구병리에서 속리산까지 간 후에 다른 교통편으로 서울까지 갈 수도 있습니다. 목적지는 같은데 길은 다르다는 것이지요.”

“그러면 ‘길’이 각자의 종교라는 말씀인가요?”

“그렇지요. ‘길’이 각자의 종교입니다. 기독교를 믿던 불교를 믿던 결국은 천국에서 만나게 된다는 것이지요.”

“스님은 지금 잘못 알고 계십니다.”

“아닙니다. 분명 나는 그렇게 알고 확신하고 있습니다. 제가 매 주일 교회에 가는 것도 종교 다원화의 한 모습이라고 할 수 있습니다. 교회 안에는 부처님이 계시거든요.”

“스님, 스님 말씀을 이해는 하겠는데 그 길은 진짜 길이 아닙니다. 영 다른 길을 말씀하고 계십니다. 스님, 예수님을 통하지 않고는 구원을 받을 수 없습니다.”

“예수쟁이들은 독선이 아주 심합니다.”

“뭐가 독선입니까?”

“예수 아니면 안 된다는 말입니다.”

“독선이라고 생각하셔도 좋습니다. 그러나 예수님을 믿어야만 구원을 받을 수 있습니다.”

“그런 말씀이 어디에 있습니까?”

“예, 성경 요한복음 14장 6절에 ‘내가 곧 길이요 진리요 생명이니 나로 말미암지 않고는 아버지께로 올 자가 없느니라’고 했습니다.”

“그러면 여기서 ‘내가’는 예수 자신을 말한 것입니까?”

“그렇지요. 그분이 바로 예수님입니다.”

“재고해 보겠습니다.”

스님! 지체할 시간이 없습니다

“스님! 시간이 없습니다.”

“시간이 없다니요. 나는 이렇게 시간이 많지 않습니까?”

“아닙니다. 스님, 공자님은 아침에 도를 깨달으면 저녁에 죽어도 좋다고 했습니다.”

“그렇게 말씀했지요. 그런데 시간과 공자님의 도가 무슨 상관관계가 있습니까?”

“예. 참 진리를 깨달았다면 시간을 지체하지 않고 받아들이고 개종해야 한다는 말입니다. 제가 그냥 하는 말이 아닙니다. 그리고 스님은 현재 나이도 있는데 언제 하나님의 부르심이 있을지 모릅니다.”

“제가 곧 죽을 것 같습니까?”

“그것은 누구도 장담할 수 없습니다.”

“그러면 어떡하면 됩니까?”

“지금 예수 그리스도를 나의 생명의 구주로 영접하셔야 합니다.”

“그럼 그다음은 어떻게 되는 것입니까?”

“나의 구주로 예수님을 영접하면 그분은 스님 마음속에 오셔서 영원히 거하시게 됩니다.”

"그것이 정말입니까?"

스님의 마음에 변화가 찾아오기 시작했다.

"그럼요. 그런데 스님, 지금 마음이 뭉클해지면서 변화가 오고 있는 느낌이 안 드십니까?"

"예. 무엇인지 모르지만 내 마음의 변화를 느끼고 있습니다. 왜 그렇지요?"

"지금 주님께서 스님 마음속으로 들어가는 모습을 보았습니다."

"어떤 모습으로요?"

"그분이 머리에는 가시관을 쓰셨고, 양손과 양발에 피 흘리신 모습으로 당신의 마음속으로 들어가시는 것을 보았습니다."

"어떻게 그럴 수 있는 것입니까?"

"그분은 살아 계신 하나님이시니까요."

그리하여 스님은 예수님을 영접하고 크리스천이 되었다. 그를 구원하는 데 다섯 해나 걸렸다. 약 10년 동안 이곳에 머물다가 주님 품에 안기게 되었다. 비록 타 종교인이라 할지라도 한 영혼을 구원하려는 의지가 분명히 있어야 한다.

사도 바울의 심정이 되자

오늘날 타 종교인이라면 두려워서 전도 대상에서 제외한다. 이는 대단히 잘못된 것이다. 자기 스스로 전도하는 것이라고 생각하기 때문이다. 전도는 하나님의 개입 없이는 불가능한 일이다.

성령이 역사하지 않는 전도는 없다.

—고전 2:4

—골 4:3

한국의 문화권은 무속이 기본 바탕이고 유교와 불교 등 많은 종교가 있다. 먼저 복음을 받아들인 우리가 이들의 영혼 구원을 위하여 게으르면 안 된다. 타 종교인들은 종교적 심성이 많다. 몰라서 그런 것이다. 일단 하나님을 믿게 되면 보통 교인들보다 더욱 지극한 정성으로 하나님을 섬기는 것을 볼 수 있다.

사도 바울이 아덴에 방문했을 때를 생각해 보라. 사도행전

17장 23절에서 "내가 두루 다니며 너희가 위하는 것들을 보다가 '알지 못하는 신에게'라고 새긴 단도 보았으니, 그런즉 너희가 알지 못하고 위하는 그것을 내가 너희에게 알게 하리라"라고 했다.

이렇게 문화가 다른 이방인에게 복음을 전한 사도 바울의 심정이 되어 타 종교인의 영혼 구원을 위하여 힘써야 한다.

보은 장날의 전도

72

보은에 오일 장 서는 날이 되면 버스를 타고 시장에 간다. 한 시간 거리인 정류장에서 버스가 출발한다. 그곳까지 걸어가 버스를 타고 보은으로 가는 동안 전도한다.

"예수님을 믿고 구원받으세요."

그러면 습관적으로 핍박하는 사람들이 있다. 나는 개의치 않고 목청을 높여 전도한다. 왜냐하면 이 시간은 내 생애에 있어 다시 오지 않을 귀한 시간이기에 소홀히 할 수 없다.

"예수님을 믿고 천국 가세요! 꼭 천국 가셔야 합니다. 주일이 돌아오면 가까운 교회에 가세요."

아는 사람은 알겠지만 내 목청이 아주 크다. 버스를 탄 사람들은 듣기 싫어도 도망가지도 못하고 꼼짝없이 전도하는 소리를 들어야 했다.

나는 때를 얻든지 못 얻든지 전도하기를 원한다. 왜냐하면 주님이 제일 기뻐하시는 일이기 때문이다. 내 본분은 전도하는 일이다. 나는 이 일을 위하여 태어났고, 이 일을 위하여 살다가 내 생애를 마칠 것이다.

너는 말씀을 전파하라

나에 대한 평가

73

이 부분은 참으로 조심스러운 대목이다. 내가 나를 어떻게 평가하겠는가? 나는 남에게 평가받을 만한 사람이 아니다.

신학자나 목사도 아니고, 그저 산골 마을의 장로일 뿐이다. 나에 대한 평가는 훗날 주님께서 하실 것이다.

> 이는 우리가 다 반드시 그리스도의 심판대 앞에
> 나타나게 되어 각각 선악 간에 그 몸으로
> 행한 것을 따라 받으려 함이라
>
> —고후 5:10

그럼에도 그리스도의 영광을 위하여, 또 성도들의 교훈을 위하여 약간의 지면을 할애하려고 한다. 언젠가 아들의 친구가 아랫마을 가게에서 물건을 사면서 이렇게 물어보았다.

"혹시 윗마을 구병리에 있는 김상호 씨를 알고 있습니까?"

"네. 알고 있습니다."

"그분은 사람 됨됨이가 어떻습니까?"

"예. 그분은 살아 있는 부처입니다." 라고 대답했다고 한다.

나는 그가 누구인지 모른다. 아마 절에 다니는 사람인 듯한데, 나에 대해 매우 높이 평가한 것 같다. 나는 예수님을 믿은 후부터 지금까지 나를 위해서 살지 않았다. 나를 위하여 죽으신 예수님의 뜻대로 살려고 노력했을 뿐이다. 조금이라도 샛길로 가면 주님의 채찍이 임했다. 나는 지금까지 사람의 눈치를 본 적이 없다.

나에 대해 이렇게 평가해 준 아랫동네 사람에게 감사하다. 한편으로는 부끄러운 마음이 든다. 한 가지 더 바랄 것이 있다면, 훗날 주님 앞에 섰을 때 잘했다고 칭찬받는 종이 되었으면 하는 바람이다.

> 그 주인이 이르되 잘하였도다.
> 착하고 충성된 종아 네가 작은 일에 충성하였으매
> 내가 많은 것으로 네게 맡기리니
> 네 주안의 즐거움에 참예할지어다
>
> —마 25:21

이는 비단 나뿐만 아니라 모든 성도의 바람일 것이다.

오늘날 예수님을 믿는 사람은 많은데, 사회에 물의를 일으키는 기독교인도 많이 있다. 사람들에게 칭찬받는 기독교인이 되어야지, 불신자보다 못한 행동으로 남의 입에 오르내려서는 안 된다.

나 한 사람 때문에 복음의 빛이 가려질 수 있고, 교회가 욕을 먹거나 주님의 영광을 가릴 수 있다.

—갈 6:10

훗날 주님의 평가를 기다리는 모든 성도는 그때를 기다리기 이전에, 신자와 불신자에게 먼저 평가를 받아야 한다. 만일 지금 성적이 안 좋다면 주님 앞에 평가 받을 때 상상하지 못했던 낮은 점수를 받을 수도 있다. 얼굴을 들기 어려울 수 있는 것이다. 지금, 지금 평가를 받아야 한다.

성경의 욥과 나의 가정 비교

74

구약 성경 욥기에 나오는 욥은 열 명의 자녀가 있었으나 다 죽었고, 나도 예수님을 믿고 1년 만에 여섯 자녀가 죽었다. 하나님께서 욥에게 다시 열 명의 자녀를 주셨고(욥 42:13), 나는 다시 하나님께서 다섯 자녀를 주셨다.

내 시련과 역경은 욥의 고통과 크게 다를 바 없다고 본다. 내가 예수님을 믿고 여섯 자녀가 죽었을 때 사람들은 나를 미쳤다고 했다. 그렇게 자녀들이 죽었는데도 하나님을 섬기고 있으니 말이다.

욥기 1장 21절에 욥은 이렇게 고백했다.

내가 모태에서 알몸으로 나왔사온즉
또한 알몸이 그리로 돌아가올지라
주신 이도 여호와시요 거두신 이도 여호와시오니
여호와의 이름이 찬송을 받으실지니이다

모든 것이 사라졌지만 이렇게 하나님을 찬송하고 있다. 나도 그러했다고 생각한다. 욥은 "이 모든 일에 욥이 범죄하지 아니하고 하나님을 향하여 원망하지 아니하니라."(욥 1:22) 했다. 욥에게 다가온 시련과 고통이라면 충분히 하나님을 원망할 수도 있다.

믿는다고 해도 하나님께 불평하는 경우가 많이 있지 않은가?

—욥 2:9

욥의 아내가 하나님을 욕하고 죽으라고 저주하자, 욥은 이렇게 말하였다.

—욥 2:10

욥은 하나님을 원망하거나 입으로 범죄하지 않았다. 살고 죽는 권세가 입에 달려있다. 이스라엘 백성이 홍해 바다를 건너 광야에 있을 때를 살펴보자.

민수기 14장 1절에서 4절까지 이스라엘 백성은 하나님 앞에 소리 높여 원망했다.

온 회중이 소리를 높여 부르짖으며 백성이 밤새도록 통곡하였더라. 이스라엘 자손이 다 모세와 아론을 원망하며 온 회중이 그들에게 이르되 우리가 애굽 땅에서 죽었거나 이 광야에서 죽었으면 좋았을 것을 어찌하여 여호와가 우리를 그 땅으로 인도하여 칼에 쓰러지게 하려 하는가. 우리 처자가 사로잡히리니 애굽으로 돌아가는 것이 낫지 아니하랴

이때 여호와 하나님의 응답을 들어보자.

이스라엘 백성이 모세와 하나님을 원망하다가 가나안 땅에 들어가지 못하였다.

우리 신앙인이 제일 조심해야 할 분야가 입이다. 내가 말을 어떻게 하느냐에 따라 멸망을 자초하기도 하고 영생을 얻기도 한다. 욥은 입으로 범죄하지 않음으로 모든 시험과 환란을 이길 수 있었다.

부족하나마 나도 욥과 같이 어려운 상황이 왔을 때 입으로 범죄하지 않고 승리했다. 나를 알고 있는 사람은 알겠지만, 나는 거의 말이 없는 편이다. 누군가 내게 질문해도 짧게 대답하고 끝낸다. 욥은 일백사십 년을 살았는데(욥 42:16) 나는 현재 팔십이다. 내 수명이 언제 다할지는 모르지만 장수의 축복을 받았다고 생각한다.

깡통을 차고 빌어먹어도
지옥만은 가지 마라

75

이 말은 내가 영적 체험을 하고 돌아온 후에 우리 집 가훈이 되었다. 이승과 저승은 먼 것 같지만 결코 먼 거리가 아니다. 오늘 밤에 잠을 자지만 내일 아침에 일어날 수 있다는 보장은 없다. 만일 일어나지 못한 사람이라면 이미 저세상으로 떠났을 것이다.

지금 인류가 약 70억 명 되는데, 그보다 훨씬 더 많은 사람이 저세상에 있다. 나도 예수를 믿기 전에는 사후세계를 믿지 않았다. 사람이 죽으면 그것으로 끝난다고 알고 있었다. 그런데 예수를 믿고 보니 그게 아니었다. 저세상은 분명히 있었다.

악인이 음부로 돌아감이여 하나님을 잊어버린
모든 열방이 그리하리로다

—시 9:17

사망의 줄이 나를 두르고 음부의 고통이 내게 미치므로
내가 환난과 슬픔을 만났을 때에

—시 116:3

—눅 12:5

내가 "예수님을 믿고 천국 가세요."라고 전도하면, 우습게 여기며 비웃는 사람들을 만나게 된다. 어떤 이들은 "또 시끄럽게 하네. 조용히 하세요. 전세 냈어요?" 역정을 낸다.

나는 듣든지 안 듣든지, 주님의 지상 명령이기에 안타까운 심정으로 전도한다.

난 요즘 기독교계 안에서 이해하기 어려운 점을 발견하고 있다. 이 땅을 천국이라고 생각하는 사람이 많다는 사실이다. 큰돈을 번 기독 사업가들, 돈 많은 목사님들이 세상 사람보다 더 많은 욕심을 부리고 더 많이 가지려고 한다. 마치 이 땅이 천국인 것처럼 누리고 살아간다.

정말 내세가 있다고 믿는 기독교인이라면 그렇게 살 수 없다.

왜냐하면 전도를 위하여 헌금하고, 불쌍한 사람을 위하여 구제하기 때문에 쌓아둔 재물이 있을 수 없다고 본다. 예수님 당시 부자 청년이 그의 전 생애를 바치려고 찾아왔다. 예수님은 이렇게 말씀하셨다.

부자였던 이 청년은 재물을 가난한 자에게 나눠주지 못했기에 예수의 제자가 되지 못했다. 진정한 예수님의 제자는 돈과 부귀와 영화가 있을 수 없다는 말이다. 왜냐하면 다 나누어 주었기 때문이다.

주님은 청년에게 "네 소유를 팔아 가난한 자들에게 주라. 그리하면 하늘에서 보화가 네게 있으리라."라고 말씀하셨다. 그렇다면 자신의 소유를 팔아 어려운 사람들에게 나눠줬을 때 어떻게 영원한 부자가 될 수 있을까?

많은 기독교인이 노후대책으로 각종 보험을 들고 있다. 보험을 들지 말라는 것이 아니라, 하나님보다 보험을 더 신뢰하고 있기에 주님이 계실 자리가 없다. 보험을 의지하는 기독교인에게는 보험회사가 그의 노후를 책임질 것이다. 그러나 하나님께 노후를 맡기는 자에게는, 하나님께서 그의 노후뿐 아니라 전 생애를 책임지실 것이다.

나는 젊은 날부터 지금까지 평생 농사만 지어 하나님께 다 드렸기에, 가진 것이 없다. 내 돈으로 양복 한 벌 사 입어 본 적도 없고, 내 이름으로 된 통장도 없다.

말하자면 나는 정말 거지이다. 그러나 거지라도 좋고, 깡통을 차고 빌어먹어도 좋다. 다만 한 가지, 지옥만은 갈 수 없다는 것이다. 나뿐만 아니라 설령 우리 가족이 모두 거지가 된다해도, 천국만은 꼭 가야 한다.

―눅 16:20-22

이 책을 통해 내가 바라는 것 중 하나는, 나처럼 모든 재산을 드리고 깡통을 차는 한이 있더라도 예수님의 뒤를 따르는 참된 제자들이 많이 일어나는 것이다. 주님께서도 여러분을 기다리고 계실 것이다. 지체하면 안 된다.

―요 12:25

에 필 로 그

그 시절을 떠올리면
지금도 눈물이 앞을 가린다

오래전 나의 아버지는 산제당을 만들어 동네 사람들과 함께 산신을 섬겼다. 나 역시 그들과 함께 우상을 섬겼다. 하나님께서 아브라함을 부르신 것처럼 나를 불러 주셔서, 이 동네에서 처음으로 예수님을 믿게 하셨다. 숱한 고난을 당했지만, 믿음으로 승리하게 하셨다.

교회를 세우기 위하여 공동묘지에서 수년 동안 기도하게 하셨고, 천국과 지옥을 보여 주셨다. 젊은 날에는 신유의 은사를 주셔서 많은 병든 이들과 정신적인 고통 가운데 있는 사람들을 고치게 하셨다. 또 하나님의 교회를 네 번이나 증축하게 하셨다.

평생 한 교회를 섬기게 하신 하나님께 감사드린다. 이 교회를 통하여 많은 신앙인과 훌륭한 주님의 종들이 배출되었다.

이들을 통해 세계만방에 그리스도의 복음이 전파되고 있다.

처음에 내가 예수님을 믿을 때, 동네 사람들은 대부분 산신을 섬기고 있었다. 지금은 팔십 퍼센트가 복음화 되었다. 또한 구병리 교회도 도시 교회 부럽지 않을 정도로 아름답게 변모했다.

이제 동네 사람이 산신 대신 살아계신 하나님을 믿고, 또 먼 거리를 마다하지 않고 구병교회를 찾아와서 하나님께 영광을 돌리는 모습도 볼 수 있으니 어찌 감사하지 않으리요?

눈물로 씨를 뿌리는 자는 기쁨으로 단을 거둔다고 했다. 내가 죽기 전에 영적 추수의 기쁨과 희열을 누리게 된 이 모든 것은 주님의 은혜일 뿐이다.

이제 나의 남은 인생의 날들은 알 수 없지만, 주님 부르시는 그날까지 진정한 그리스도인이 되어 썩은 한 알의 밀알이 되기를 소망한다. 할렐루야! 모든 영광을 하나님께 돌립니다.

마을에 교회가 없던 시절, 저는 산자락 공동묘지에서 약 6년 동안 철야로 기도한 적이 있습니다. 당시 초등학생이던 아들도 늘 따라와 기도하다가, 차가운 밤하늘 별빛 아래 가마니 위에서 잠들곤 했습니다.

하나님께서 이 아들을 주의 종으로 부르셨고, 저보다 더 큰 능력을 부어주셨습니다. 아들은 열아홉 살부터 부흥회 강사로 초청받아, 귀신을 쫓아내고 병을 치료하며 복음을 전하는 사역을 했습니다. 따르는 표적과 강력한 성령의 역사로 국내외 수많은 영혼을 살리고 있습니다.

이 아들이 40년 넘게 성령 사역을 하고 있는 김명환 목사(인천 소망교회)입니다. Good TV 전신인 C3 TV에서 약 4년 동안 강사로 설교하였습니다. 미국 · 중국 · 러시아 · 일본 등에서 선교 사역을 했으며, 기독교계 신문에 십여년 넘게 칼럼을 기고해 왔습니다.

초대교회의 사도적 기름부음을 통해 목회자들을 깨우며 미지막 때를 준비하는 복된 사역을 하고 있으니, 얼마나 감사한지요. 주님께 모든 감사와 영광을 올려드립니다.

CONTACT ADDRESS

인천 소망교회

인천광역시 미추홀구 한나루로 357번길 63-19

032) 519-1990

깡통을 차고 빌어먹어도
지옥만은 가지 마라!

개정판 1쇄 발행   2026년 4월 15일
개정판 2쇄 발행   2026년 5월 5일

지은이   김상호
발행인   김명환
편집인   이은미
디자인및 편집 송원철

펴낸곳   도서출판 주영광
등록번호   제 2025-000033호

주소   인천시 미추홀구 한나루로 357번길 63-19
전화   032)519-1990
팩스   032)519-2521
이메일   godglory153@kakao.com

관리 및 영업 신연숙 010-2735-7456
미주 구입처   213-477-4879 (L.A. 은총교회)

ISBN   979-11-998166-0-2 03230